디디미니의 초간단 인생맛

고단백
저탄수화물
다이어트
레시피

디디미니의 초간단 인생맛

고단백
저탄수화물
다이어트
레시피

미니 박지우
지음

빅피시
BIG FISH

프롤로그

**수십만 독자가 성공한 디디미니표 레시피가
여러분 식단의 인생맛을, 다이어트의 성공을 책임질게요!**

· After ·

'미니의 건강한 순간들'이란 타이틀로 SNS에 다이어트 일상을 기록한 지도 7년째가 되었어요. 맛있고 지속 가능한 다이어트 레시피를 공유하는 즐거움으로 시작한 일이었는데, 많은 분이 저의 레시피를 사랑해주신 덕분에 첫 책을 내게 되었고, 어느덧 네 번째 책을 출간하게 되었어요. 디디미니의 레시피로 음식을 직접 만들어 본 뒤 맛있다는 칭찬과 감량 성공 후기를 남겨주시고, 끊임없는 관심으로 격려해주신 여러분 덕분이에요. 정말 감사합니다.

**수없이 실패한 다이어트 끝에 찾은 디디미니표 식단으로
22kg을 감량하고 7년 동안 요요도 없어요!**

부끄럽게도 지금은 '다이어트 레시피 전문가'라고 칭찬해주시는데, 저도 과거엔 그저 무조건 감량 효과가 빠르고 쉬워 보이는 잘못된 다이어트 방법만을 찾아다녔어요. 그래서 감량과 요요를 수없이 반복하던 사람이었죠. 굶기, 원푸드 다이어트, 인터넷에 떠도는 극단적인 연예인 식단 등을 무작정 따라 하기 급급했고, 돈을 버는 나이가 되어서는 약도 먹고 시술까지 시도했어요. 그만큼 다이어트를 위해서라면 안 해본 것 없이 다 해봤죠.

지금 생각해보면 날씬해지고 싶다는 욕심 하나 때문에, 나도 모르는 사이에 몸과 정신을 갉아먹는 온갖 학대를 내가 자처해서 했더라고요. 오랜 시간 날씬한 몸을 위해 시간과 노력과 돈을 바쳤지만, 결국 얻은 것이라고는 탄력 없는 고무줄 몸무게와 극심한 스트레스였습니다. 그렇게 몇 년을 보내고 건강과 시간, 돈까지 잃고 난 뒤에야 비로소 나를 진정으로 아끼며 다이어트를 해야겠다고 결심하게 되었죠.

실패를 거듭하며 돌고 돌아 성공한 다이어트는 제가 지금까지 꾸준히 실천하고 있는 '고단백 저탄수화물 식단'이에요. 이 식단으로 끊임없이 저를 따라다니며 고통을 주었던 지긋지긋한 요요와 이별할 수 있었어요. 70kg에서 48kg으로 22kg을 감량한 후 지금까지 7년째, 탄탄하고 건강한 몸을 유지할 수 있게 되었답니다.

**고단백 저탄수화물 식단은 맛이 없다고요?
디디미니 레시피로 맛과 영양을 꽉 채워드려요!**

제가 고단백 저탄수화물 식단으로 살을 뺐다고 하면 다들 닭가슴살과 샐러드만 먹었다고 생각하는 분이 많아요. 하지만 온갖 다이어트 실패 끝에 얻은 교훈은 '먹는 음식이 맛없으면 다이어트에 실패한다'는 것! 물론 감량에 성공할 수는 있죠. 하지만 맛없는 식단을 계속 유지하지 않는 한, 다시 요요에 시달리는 건 명백해요. 그래서 제가 알려드리고 싶었습니다.

고단백 저탄수화물 식단을 맛있게 먹는 방법을요.
고단 저탄 식이요법이라고 해서 무리하게 탄수화물을 제한하는 것은 아니에요. 또 밍밍하고 뻑뻑한 닭가슴살이나 고구마 혹은 채소만 먹어야 하는 것도 절대 아니고요. 오히려 먹어도 되는 음식과 먹으면 안 되는 음식을 나누어야 한다는 압박감이 스트레스의 시작이 될 수 있어요. 맛없는 것만 꾸역꾸역 억지로 먹다 보면, 식이 강박감이 더 심해져 오히려 식욕을 폭발시켜요. 이것이 원인이 되어 다시 심한 요요 현상을 겪게 되고요. 저 또한 이러한 시행착오를 여러 번 경험했기 때문에 다이어트 음식의 '맛'을 중요하게 생각하게 되었어요. 맛도 중요하지만 빼놓을 수 없는 것이 또 있는데요, 바로 균형 잡힌 영양이에요. 그래서 다이어트 레시피를 개발할 때 이 두 가지에 초점을 맞췄습니다. 닭가슴살뿐만 아니라 다양한 동·식물성 단백질 재료를 사용해 물리지 않는 맛으로 단백질을 든든히 챙겼어요. 탄수화물도 평소보다는 줄이되, 좋은 탄수화물을 골라 썼고, 몸에 좋은 지방과 식이섬유가 가득한 채소로 포만감을 더했죠.
하지만 맵고 달고 자극적인 맛이 당길 때도 있잖아요? 그럴 때는 무조건 참기보다는 건강한 대체 감미료와 향신료를 사용해 속세 음식 맛을 재연한 음식으로 욕구를 잠재우는 편이 좋아요. 지나치게 자극적인 맛과 가공식품에 길든 입맛을 내 몸을 위해서라도 좀 더 나은 차선책을 택해 건강하게 바꾸어가세요. 무엇보다 자극적인 맛에 대한 의존도를 점차 줄여나가는 것이 가장 중요합니다.

**먹을수록 살 빠졌다는 수십만 명의 생생한 후기에 힘입어
더욱 맛있고 새로운 레시피를 가져왔어요!**

이미 세 권의 책과 인스타그램, 유튜브를 통해 여러분께 건강한 다이어트 레시피를 전하고 있는 요즘, 제가 가장 많이 받는 질문이 있어요.
"이렇게 먹어도 진짜 살이 빠지나요?"
다이어트 요리인데도 맛있어 보이는 데다, 막상 만들어 먹어 보니 심심치 않은 맛 덕분인지 정말 살이 빠질까 신기해서 그러실 테죠? 하지만 저는 물론이고 저희 엄마도, 그리고 이미 수십만 명에 달하는 독자님이 제 레시피를 통해 감량에 성공했어요. 또 건강한 식습관을 가지게 되었고요. 이렇게 많은 분이 다이어트에 성공했으니 속는 셈 치고 일단 한번 도전해보세요. 감량에 성공함은 물론이고 건강은 덤으로 얻게 된답니다.
지난 책들에서 수백 개의 레시피를 소개했지만, 저는 여전히 새로운 다이어트 레시피를 개발하는 일이 가장 즐겁고 행복해요. 맛있는 음식을 먹는 걸 좋아하다 보니 식재료를 보거나, 식당에 가도, 새롭고 재미난 요리 아이디어가 떠올라요. 생소한 조합이지만 막상 요리해보니 너무 맛있어서 대성공인 요리도 있고, 예상보다 별로여서 실패한 요리도 많아요. 그래서 제 레시피 노트에는 1년이면 수백 개의 새로운 요리가 차곡차곡 쌓인답니다.

**원팬·전자레인지·국물·밥·빵·면·디저트·반찬 등 초간단 요리로
떡볶이, 김말이, 닭갈비, 김밥, 티라미수까지 다 먹어요!**

이번 책은 그럼 이전 책들과 무엇이 다른지 궁금하실 텐데요, 우선 초심으로 돌아가 한층 간편하고 손쉽게 할 수 있는 요리들로 엮었어요. 오랜 다이어트에 질려 새로운 맛을 찾는 다이어터를 위해 한층 업그레이드된 신선한 맛의 조합을 선보이기도 했죠. 수백 가지 레시피 중에 SNS와 쿠킹클래스 등에서 많은 분이 사랑해준 인기 메뉴와 초보자도 쉽게 할 수 있는 요리들, 많은 분이 유혹을 이기지 못하는 떡볶이, 닭갈비,

디저트, 튀김 등 자주 해먹을 수 있는 요리로 101가지를 모았어요.
팬 하나에 가위 하나로 재료를 싹둑싹둑 잘라 넣고 가열하면 완성되는 초간단 원팬 레시피,
바쁠 때도 재료를 섞어서 뚝딱 만드는 전자레인지 & 에어프라이어 레시피, 다이어터의
금기라고 생각했던 국물 요리와 면 요리까지 담았어요. 그뿐인가요? 빵순이를 위한 빵빵한 빵
레시피, 밥순이를 위한 한 그릇 밥 요리, 외식이 꺼려지는 요즘에 딱 맞는 속세 음식과 도시락
레시피, 믿을 수 없을 만큼 맛있는 인생 디저트와 평생 반찬까지! 각각의 요리에는 밀프렙
팁과 저만의 요리 팁을 총망라해서 담았으니, 이 책만 잘 읽어도 다이어트 요리 척척박사가
될 거예요. 감량 식단에 물려 다이어트를 포기하지 않도록, 즐겁게 감량할 수 있도록 다양하고
알차게 준비했어요.

SNS를 시작한 이유는 저만의 다이어트 기록을 위해서였지만, 그 계기가 나날이 발전하여
제 레시피가 많은 분에게 도움을 드리게 되면서 가슴이 벅차올랐어요. 그래서 더 열심히
요리하고 레시피를 만들게 되었죠. 그렇게 많은 분이 편하게 볼 수 있도록 첫 책을 낸 것을
시작으로 이렇게 매년 책을 낸 지 4년이나 되었네요. 지금껏 냈던 모든 책이 출간 즉시
1위를 하고 베스트셀러가 될 수 있었던 건 모두 여러분의 덕분입니다.
수십만 독자의 긍정적인 성공 후기처럼 앞으로 또 새로운 분들이 이 책으로 자신을 위해
요리하고, 맛있게 식사하며 지속 가능한 다이어트를 하길 바라요. 물론 몸은 물론이고 마음도
챙겨가면서요. 저는 앞으로도 여러분이 다이어트 식단에 질리지 않도록, 꾸준히 맛있고
새로운 레시피를 개발하고 전할 테니 기대해주세요!

● 2021년 디디미니 ●

목차

- 004 · 프롤로그

- 014 · 디디미니의 똑똑한 밥숟가락 계량
- 016 · 디디미니의 -22kg 다이어트 원칙 6가지
- 020 · 좋아하는 맛 따라 골라 먹는 기호별 추천 제품
- 025 · 신선하게 유지하는 식재료 보관법
- 027 · 밀프렙의 모든 것
- 030 · 샌드위치 & 토르티야롤 종이 포장법
- 032 · 디디미니 레시피로 살 뺀 미니언쥬의 생생 후기

PART 1
이보다 간단할 수 없다!
전자레인지 & 원팬 요리

- 038 · 곤약만두오트밀밥
- 040 · 콘치즈맛리소토
- 042 · 동남아맛컵누들
- 044 · 저탄수알리오올리오
- 046 · 청양바질국물파스타
- 048 · 깻잎김밥맛리소토
- 050 · 여름맛비빔면
- 052 · 오트밀간장버터밥
- 054 · 치킨갈릭컵빵
- 056 · 저탄수볶음우동
- 058 · 단짠대파원팬토스트
- 060 · 병아리콩콜리플라워구이
- 062 · 바나나아몬드베이크드오트밀
- 064 · 진미채마늘볶음밥
- 066 · 로제참치컵밥

PART 2

다이어트할 때도 밥은 못 끊어!
초간단 한 그릇 밥 요리

- 070 · 매운파볶음밥
- 072 · 두부와플플레이트
- 074 · 잡채맛버섯덮밥
- 076 · 제육볶음맛크림리소토
- 078 · 게맛살낫토포케
- 080 · 라이스페이퍼볶음밥
- 082 · 샐러드비빔밥
- 084 · 아보카도게맛살리소토
- 086 · 라이스페이퍼오믈렛
- 088 · 돌나물비빔밥
- 090 · 떠먹는감태주먹밥
- 092 · 불고기맛템페리소토
- 094 · 두부마요샐러드밥

PART 3

다이어트할 때도 빵은 못 끊어!
든든한 식사빵 & 샌드위치

- 098 · 애플브리오픈샌드위치
- 100 · 저탄수콘치즈빵
- 102 · 새우달걀토스트
- 104 · 그릭게맛살샌드위치
- 106 · 참치콘라페샌드위치
- 108 · 코울슬로토르티야롤
- 110 · 버섯템페비건샌드위치
- 112 · 허니갈릭그릭샌드위치
- 114 · 대구알아보카도오픈토스트
- 116 · 채소게맛살언위치
- 118 · 에그템페말이토르티야롤
- 120 · 두부치즈체리샌드위치
- 122 · 낫토사과오픈토스트
- 124 · 에그샐러드샌드위치

PART 4

속 풀리고 스트레스 풀리는 맛!
국물 요리 & 면 요리

128	• 다이어트국물떡볶이
130	• 저탄수로제국물파스타
132	• 부추참치비빔면
134	• 게맛살명란달걀탕
136	• 만능채소스튜
138	• 동남아맛쌀국수
140	• 다이어트떡국
142	• 훈제오리루콜라파스타

144	• 땅콩순두부탕
146	• 닭가슴살감자수프
148	• 치킨카레주키니파스타
150	• 가지두부볶음면
152	• 샐러드콩국수
154	• 초간단다이어트비빔면
156	• 양배추치킨수프
158	• 바나나요거트카레수프

PART 5

외식이 불안하면 직접 만든다!
테이크아웃 속세 요리

162	• 양배추팔뚝김밥
164	• 다이어트닭갈비
166	• 두부면스프링롤
168	• 진미채호두김밥
170	• 디디미니분식세트
172	• 다이어트김치전
174	• 참치요거트김밥

176	• 닭가슴살치즈가스
178	• 마카다미아멸치김밥
180	• 그릭샐러드김밥
182	• 다이어트두부강정
184	• 닭가슴살공심채볶음
186	• 당근라페이퍼김밥
188	• 참치양배추롤
190	• 두부면김밥
192	• 무말랭이참외김밥
194	• 닭근위된장원샐러드
196	• 리코타연어샐러드
198	• 채소크래믹스김밥
200	• 새우김치파인케일롤
202	• 단호박김밥

PART 6

디디미니표 뚝딱 다이어트 베이킹!
초간단 디저트 & 평생 반찬

- 206 • 고단백와플
- 208 • 프로틴티라미수
- 210 • 머그컵프로틴케이크
- 212 • 프로틴그래놀라
- 214 • 다이어트바나나푸딩
- 216 • 허니버터두부칩
- 218 • 말차그릭베이글
- 220 • 초코그릭크림토스트
- 222 • 프로틴아이스크림
- 224 • 프로틴밀크푸딩
- 226 • 석류콜라겐젤리
- 228 • 딸기프로틴퐁듀
- 230 • 수제그릭요거트
- 232 • 리코타치즈
- 234 • 다이어트누텔라
- 236 • 두부치즈
- 238 • 두부마요네즈
- 240 • 다이어트피클
- 242 • 요거트코울슬로
- 244 • 오이초무침
- 246 • 당근라페
- 248 • 콜라비쏨땀

- 250 • 인덱스(가나다순/끼니별/재료별)
- 260 • 초간단 인생맛 5분 완성 7일 식단표
- 261 • 변비 타파 영양 가득 7일 식단표
- 263 • 여러분이 직접 만드는 셀프 식단표

디디미니의 똑똑한 밥숟가락 계량

계량스푼이 있다면 계량스푼을 사용해도 좋지만, 저는 누구나 집에 가지고 있는 밥숟가락으로 계량해요. 이 책의 모든 재료들도 밥숟가락으로 계량했고 '큰술'로 표시했어요.
아주 정확하지는 않아도 되지만, 너무 수북하게 쌓지 않도록 유의해서 적당한 양을 사용해요.

밥숟가락 가루 계량
- 1큰술
- 1/2큰술
- 1/3큰술

밥숟가락 액체 계량
- 1큰술
- 1/2큰술
- 1/3큰술

밥숟가락 장류 계량

| 1큰술 | 1/2큰술 | 1/3큰술 |

종이컵 계량

액체 1컵  / 가루류 1/2컵  / 견과류 1/2컵

불린 병아리콩 1컵  / 오트밀 1/2컵

손대중 계량

채소 한 줌

시금치 한 줌

아몬드 한 줌

디디미니의 -22kg 다이어트 원칙 6가지

제가 22kg을 감량했을 때 꼭 지키려고 했던 저만의 약속들이 있었어요. 그중에 실패하거나 성공한 것도 있고 효과가 좋았거나 전혀 없었던 것도 있어요. 그중 여러분께 꼭 추천하고 싶은 6가지 다이어트 원칙을 소개할게요. 거창한 건 아니지만 조금씩 습관이 되면 살이 안 찌는 몸으로 바뀌고 다이어트의 의지와 성공을 돕는 것들이에요.

❶ 하루 물 2L! 공복에 물 한 잔!

물은 노폐물 배출과 활발한 신진대사를 돕기 때문에 다이어트 중 적정량의 물 섭취는 필수예요. 특히 기상 후 공복에 마시는 물 한 잔은 밤새 몸속에 쌓인 노폐물을 배출하기 위해 장운동을 시켜 배변을 촉진해요. 기상 후에는 입속에 세균이 많으니 꼭 물로 입을 헹구거나 양치 후에 양치한 체온과 비슷한 미지근한 물을 마셔요. 물을 너무 과하게 마시면 신장에 무리가 가고 수분 중독의 위험이 있으니 하루 중 틈틈이 물 한 잔(약 250ml)씩을 나누어 적정량만을 천천히 마셔요. 특히 커피, 녹차 등 카페인 음료는 위장을 자극하고 이뇨작용을 해서 마신 양보다 많은 양의 수분을 배출시켜요. 그래서 물처럼 자주 마시면 탈수 증상이 나타날 수 있으니 하루 한 잔 이상은 자제해요.

 '자신의 체중×0.03L=하루 적정 물 섭취량'이지만, 운동을 하거나 땀을 많이 흘렸을 땐 좀 더 마셔도 좋아요.

❷ 음식을 한 그릇에 담아 먹고 포만감에 집중하기

다이어트할 때 음식의 양 조절은 필수죠. 아무리 영양소를 골고루 건강하게 섭취해도 과식을 해서 활동량보다 음식 섭취량이 많아지면 잉여 에너지가 되어 지방으로 쌓이거든요. 사실 음식 양을 조절하기 힘들어 살찌는 분들이 대부분일 거예요. 저 또한 그랬으니까요. 양 조절에 익숙해질 때까지는 책 속의 요리 계량을 참고해 딱 1인분 분량만 만들어 한 그릇에 담고, 밑반찬도 통째로 꺼내지 말고 조금만 덜어 먹어요.
타인과 식사할 땐 음식을 공유하지 않고 따로 덜어 자기 몫만 천천히 먹는 연습을 해요. 음식을 나눠 먹거나 대화하며 먹을 때보다 적은 양으로도 포만감을 느낄 수 있을 거예요. 혼자 식사할 때는 TV나 휴대전화를 보며 먹기보다는 온전히 음식에 집중하며 먹으면 포만감이 좀 더 쉽게 느껴져 과식하지 않게 돼요.

❸ 달콤한 음료 끊기

다이어트 최대의 적은 달콤한 음료! 탄산음료, 캔커피, 주스, 아이스크림 등의 가공식품에는 액상과당이 들어 있어요. 액상과당은 설탕보다 체내에서 지방으로 빠르게 전환되고, 포만감을 유발하는 호르몬인 렙틴 생성을 억제해 허기를 느끼기 쉬워요. 과즙 100%라고 크게 적혀 있어 마치 건강해 보이는 과일주스도 원재료를 보면 액상과당이 함유된 제품이 대부분이니 유의하세요. 가공음료 섭취를 끊고 탄산수(플레인이나 천연향)나 물에 건조과일을 넣어 마시는 것으로 대체해요.

❹ 과식, 폭식 후 다이어트 포기는 금물!

과식, 폭식 후 오늘 혹은 이번 주까지만 먹겠다며 다이어트를 미룬 적이 있나요? 아니면 다이어트에 실패했다며 자책하고 그때부터 포기한 적은 없나요? 가장 중요한 것은 과식을 해도 감량을 포기하지 않는 마음가짐이에요. 겨우 한두 끼나 하루 이틀 정도 많이 먹어서 불어난 체중은 배출되지 않은 음식물과 부기의 무게일 뿐, 아직 지방이 되기 전이에요.
한 끼를 과식했다면 다음 끼니를 샐러드 등으로 가볍게 먹고, 평소보다 운동량을 조금 늘려서 소화시킨 후에 잠들어요. 여러 끼니를 과식했다면 다음날에는 최소 12~18시간의 공복기를 가져요. 또 유산소운동의 강도와 시간을 늘려 숨이 찰 정도로 40분~1시간 정도 하기를 추천합니다. 단, 폭식과 절식을 반복하면 식이장애가 생길 수 있으니 영양소를 골고루 챙겨 규칙적인 식사를 하도록 노력해요.

5 생활 속의 틈새 활동량 늘리기

일상에서 조금만 부지런히 움직인다면 시간을 내서 하는 유산소운동 그 이상의 효과를 볼 수 있어요. 주변에 살이 안 찌는 사람들을 관찰하다 보면 끊임없이 움직이는 모습을 많이 볼 수 있을 거예요. 가까운 거리는 대중교통 대신 빠르게 걸어서 이동하기, 식사 후 곧바로 눕거나 앉지 않고 산책하기, 이동 시 에스컬레이터, 엘리베이터 대신 계단을 이용하기, 화장실에 갈 때마다 간단한 스트레칭 등 일상 속 틈새 운동을 습관으로 만들어 잉여 에너지를 태워요. 많이 걷다 보면 종아리가 뭉치고 두꺼워질 수 있으니 종아리 스트레칭과 마사지도 꼭 해주세요.

6 나에게 맞는 방법으로 다이어트 일상을 기록하기

저에게 가장 중요한 다이어트 성공 비법을 묻는다면 1초의 고민도 없이 '기록하기'라고 말할 거예요. 하루의 식단과 운동 그리고 몸과 마음의 변화 등을 다양한 방법으로 기록하는 건 생각보다 굉장한 힘이 돼요. 혼자 보는 다이어리를 작성하거나 SNS에 다이어트 계정을 만들어도 좋아요. 저도 다이어트를 기록하기 위해 만든 인스타그램 @dd.mini 계정이 지금까지 이어져오고 있는 거랍니다. 쓸데없는 간식을 얼마나 먹었는지, 영양소는 잘 챙겼는지, 오늘의 운동 자극과 몸의 상태는 어땠는지, 그냥 흘려버릴 만한 다이어트 일상을 기록했는데요, 그걸 보면서 나쁜 습관을 깨닫고 개선하려는 의지가 생겨 좋은 습관으로 바꿀 수 있었어요. 기록이 곧 다이어트의 시행착오를 줄일 수 있는 가장 확실한 자극제이니 여러분도 실천해보세요.

기상 후 공복에 물 한 잔은 필수!

먹을 만큼만 한 그릇에 예쁘게 담아서 찰칵!

탄산음료, 캔커피, 주스 NO! 과일물이나 탄산수 OK!

변화하는 내 모습을 기록으로 남기면 얼마나 뿌듯한지!

반려견과 함께하는 일상 속 산책도 다이어트!

좋아하는 맛 따라 골라 먹는 기호별 추천 제품

맵고 자극적인 음식, 달콤한 디저트, 빵과 치즈가 잔뜩 들어간 느끼한 음식, 쫄깃한 면 요리. 다이어트할 때 절대 먹지 않아야 할 음식이니까 무조건 참기만 한다고요? 그러다 보면 결국엔 식욕이 폭발하고 말아요. 먹어도 되는 음식과 먹으면 안 되는 음식을 나누기보다는, 건강한 차선책으로 직접 요리하면서 요요 없는 지속적인 다이어트를 해봐요. 제가 속세 음식에 버금가는 맛을 내는 기호별 꿀템을 소개하니 이제 입맛 따라 골라 먹어요!

빵 못 잃어!

아몬드가루

밀가루보다 칼로리는 높지만, 순탄수화물(탄수화물-식이섬유) 함유량이 낮아 혈당을 급격히 올리지 않아요. 다이어트 시 밀가루를 대체해 폭신폭신한 빵을 만들 때 활용하기 좋아요.

프로틴가루

운동 후에 단백질을 간편하게 섭취하는 용도지만, 다이어트 베이킹에도 활용할 수 있어요. 달걀, 견과류와 함께 반죽해 구우면 든든한 고단백 빵이 만들어져요. 단백질 특유의 비린 맛 때문에 구석에 방치된 프로틴가루가 있다면 이 책의 디저트 레시피를 참고하세요.

오트밀

귀리를 건조, 압착해서 만들어 당 지수가 낮은 건강한 탄수화물인 데다가 단백질, 식이섬유가 풍부해요. 씹는 식감을 살리고 싶다면 그대로 쓰고, 좀 더 쫀득한 빵을 만들고 싶다면 갈아서 사용해요. 수분감 있는 재료들과 반죽해서 구우면 맛있고 건강한 빵을 만들 수 있어요.

뮤즐리

다양한 건조 통곡물과 견과류, 씨앗, 건과일 등으로 구성된 뮤즐리는 보통 우유나 요거트에 곁들이지만, 건강한 빵을 만들 때도 좋아요. 다양한 재료를 일일이 준비하지 않아도 되고, 씹는 맛을 풍부하게 해주거든요. 건과일이 들어 있어 감미료를 넣지 않아도 자연스러운 단맛이 나는 빵이 완성돼요.

면 못 잃어!

두부면
유기농 콩으로 만들어 100g당 단백질 15g에 순탄수화물(탄수화물-식이섬유)은 겨우 1g밖에 안 되는 식물성 고단백 식품이에요. 그래서 저탄수화물 다이어트 중 면 요리가 당길 때 저녁 식사로도 부담 없이 즐길 수 있어요. 차가운 요리보단 따뜻한 면 요리에 잘 어울리고, 에어프라이어에 구우면 식감이 바삭바삭해져 간식으로도 좋아요.

라이트누들
일반 곤약면은 특유의 곤약 향이 나서 물에 헹구고 데치는 과정을 거쳐 요리해요. 이런 번거로운 점을 보완하기 위해 병아리콩가루와 볶음콩가루 등을 첨가해 만든 라이트누들은 일반 곤약면에 비해 곤약 특유의 향이 나지 않으며 식감이 좋아요. 헹굴 필요 없이 물기만 빼고 바로 먹을 수 있어 불을 쓰지 않는 요리나 비빔면 등에 재빨리 활용할 수 있어 편리해요.

곤약우동면
일반 곤약면보다 식감이 탱글탱글해서 즐겨 활용해요. 곤약면은 특유의 향이 있지만 물에 헹궈 가열하면 대부분 사라져요. 면에 간이 쉽게 배어들지 않는 편이니 열을 가하는 볶음 면 요리에 잘 어울려요.

미역면
밀가루, 전분 등이 첨가되지 않고 99% 미역만으로 만들어진 저칼로리 알칼리성 식품이라 부담 없이 먹을 수 있어요. 물에 헹구는 것 외엔 별다른 조리가 필요하지 않아 간편하죠. 따뜻한 요리에 쓰면 해산물의 비린 맛이 올라오니 피하고, 차가운 콩국수, 비빔면 등 여름에 잘 어울리는 가벼운 면 요리에 좋아요.

통밀파스타
통밀파스타는 일반 파스타보다 식이섬유가 풍부해 포만감이 높고, 혈당을 급상승시키지 않는 건강한 면이에요. 대신 일반 파스타보다 식감이 딱딱하니 포장지에 적힌 시간보다 조금 더 삶아요.

현미라이스페이퍼
수분을 머금으면 쫄깃쫄깃해져 면이나 떡이 생각날 때 요리에 소량 사용하면 만족스러워요. 식이섬유가 풍부한 현미가루가 함유된 현미라이스페이퍼를 추천해요.

주키니호박 & 당근 & 오이
후루룩! 면이 먹고 싶지만 부담될 때 채소를 활용하보는 것도 좋아요. 주키니호박이나 당근, 오이 등을 스파이럴라이저(회전채칼)나 채칼을 이용해 면처럼 얇고 길게 만들어 면 대신 사용해요.

매운맛 못 잃어!

청양고춧가루

건강한 매운맛의 대표주자 청양고춧가루는 간이 심심한 요리에 아주 조금만 뿌리면 매운 감칠맛이 확 살아나 자주 활용해요. 고추에 든 캡사이신 성분이 신진대사 작용을 활발히 해 지방을 연소하고 위액을 분비해 소화를 도와요. 국내산 제품을 구입하되, 온도와 습도에 민감하니 냉동 보관해요.

크러쉬드레드페퍼

서양식 빻은 건고추로 굵은 고춧가루보다 굵고 씨가 많아요. 깊은 감칠맛이 매력인 우리나라 고춧가루보다 깔끔하게 매운맛이 특징이에요. 스튜, 볶음 등에 활용하고 토스트, 리소토 등에 토핑으로 활용해요. 냉장 혹은 냉동 보관해요.

스리라차소스

동남아 소스 특유의 매콤한 맛이 좋아 자주 사용해요. 0칼로리 소스로 많이 알려져 있지만, 식품 표시 기준에 따라 1회 제공량이 5g이 5칼로리 미만이면 0칼로리로 표기할 수 있다고 하니 무작정 많이 먹으면 안 되겠죠? 보존료와 설탕이 소량 들어 있어 1회에 1큰술 이내로 먹고, 개봉 후에는 냉장 보관해요.

핫소스(타바스코소스)

고추, 식초, 소금 딱 3가지로만 만든 활용도 높은 소스로 톡 쏘는 매콤 새콤 매운맛을 원할 때 좋아요. 개봉 후에는 냉장 보관해요.

다진 마늘

다양한 요리에 칼칼한 매운맛을 원한다면 한국인 입맛에 딱 맞는 다진 마늘이 좋아요. 요리할 때마다 생마늘을 직접 다져서 쓰면 향이 더 좋지만, 다진 제품을 구입해도 괜찮아요. 시판 제품을 다 먹기 전에 상할까 걱정되면 소분해서 얼리거나, 큐브 형태로 냉동한 시판 제품 혹은 동결 건조된 제품을 사면 편리해요.

훈제파프리카가루

단순히 매운맛만으로는 어딘가 허전하다고요? 훈제파프리카루를 소량만 활용해보세요. 특유의 훈제 향 덕분에 다른 매운맛 재료와 잘 어우러져 완벽한 매운 훈제 맛이 완성됩니다. 구입할 땐 일반 파프리카가루가 아닌 훈제인 것을 꼭 확인하고, 개봉 후에는 냉장 혹은 냉동 보관해요.

달콤함 못 잃어!

알룰로스
건포도, 무화과 등에 미량 함유된 단맛 성분을 가공한 인공감미료로 설탕의 70% 정도의 단맛을 가져 설탕 대체제로 자주 사용해요. 또 설탕의 1/10 정도의 칼로리를 지닌 데다, 설탕과 달리 대부분 소변으로 배출되어 혈당에 영향을 미치지 않아요. 하지만 과다 섭취하면 복통, 설사 등을 일으킬 수 있으니 요리에 적정량만 활용해요.

올리고당
올리고당은 프락토올리고당과 이소말토올리고당으로 나뉘어요. 이소말토는 옥수수, 쌀 등 전분으로 만들어 깊은 단맛이 나고, 프락토는 채소, 과일류에 포함된 천연물질로 만들어 식이섬유가 풍부하며 칼슘의 흡수를 도와요. 프락토올리고당은 프로바이오틱스(유산균)의 먹이가 되는 프리바이오틱스 중 하나라서 유산균이 들어 있는 요거트 요리에 활용하면 좋아요. 70℃ 이상에서 오랜 시간 가열하면 단맛이 감소하니 따뜻한 요리를 할 땐 이소말토올리고당을 사용해요.

스테비아 & 에리스리톨
천연감미료 스테비아는 설탕보다 단맛이 200~300배 강해 단독으로 사용하면 쓴맛이 느껴져요. 그래서 설탕의 70~80% 정도의 청량한 감미의 당알코올 성분 중 하나인 에리스리톨과 스테비아를 배합한 제품을 구입하는 게 좋아요. 체내에 흡수되지 않지만, 과다 섭취하면 복통, 설사 등을 유발하니 적당량만 사용해요.

천연감미료
(꿀 & 아가베시럽 & 메이플시럽)
위의 제품들은 정제 설탕과는 달리 영양소가 풍부하지만, 정제 설탕보다 좋다는 것뿐이지 많이 먹으면 혈당을 급격히 올려 다이어트에 방해가 돼요. 단맛을 무조건 참기보단 건강한 단맛을 가진 대체 감미료를 사용해 맛있게 먹되, 단맛에 대한 의존도를 점차 줄여가는 게 가장 중요합니다.

무가당코코아가루
단맛을 좋아하는 사람 중에 초콜릿맛을 싫어하는 분은 없죠? 흔히 초콜릿을 먹으면 살찐다고 생각하는 건 초콜릿에 잔뜩 든 설탕과 버터 때문이에요. 코코아가루는 오히려 식이섬유를 함유해 포만감을 주고 식욕 억제에 도움이 되죠. 당이 첨가되지 않은 100% 무가당코코아가루로 건강하게 베이킹하고, 과일을 곁들인 오트밀포리지나 요거트에 섞어 먹는 등 다양하게 즐겨요.

바나나, 무화과 등의 과일
과일은 각종 영양소와 식이섬유가 풍부하고 달콤한 맛을 가져 다양한 요리에 활용하기 좋아요. 특히 부드럽고 달콤한 바나나와 무화과 등을 베이킹할 때 넣으면 다른 감미료 사용을 줄이거나 아예 사용하지 않아도 자연스러운 단맛이 나요.

느끼함 못 잃어!

그릭요거트
일반 요거트의 유청을 분리해 만들어 단백질과 칼슘 함량은 높은데 비해, 당 성분은 낮아요. 또한 유산균을 풍부하게 함유해 다이어트 중 건강한 장 환경을 만들기 위해서라도 꼭 챙겨 먹어요. 보통 과일이나 그래놀라, 견과류 등을 곁들여 먹지만, 요리에 마요네즈나 크림치즈를 넣는 대신 그릭요거트를 소량만 활용해보세요. 맛도 잘 어우러지고 훨씬 더 건강하게 먹을 수 있어요.

치즈
치즈는 다이어트 중에 먹으면 안 된다고 생각하지만, 이는 오해랍니다! 고탄수화물 음식에 잔뜩 올려 먹는다면 몰라도, 저탄수화물 다이어트 요리에 적당한 치즈를 추가하면 오히려 장점이 많거든요. 치즈는 지방과 단백질 함량이 높아 포만감을 오래 유지하고, 나트륨이 첨가돼 음식에 별다른 간을 추가하지 않아도 적당히 짭짤하고 고소한 맛을 내요. 치즈는 100% 자연치즈나 자연치즈 함량이 높은 제품을 고르고, 나트륨이 너무 높은 제품은 피해요.

무염버터
고소한 풍미를 가진 버터는 양만 조절하면 감량 중에도 충분히 먹을 수 있어요. 버터는 우유 속 지방을 분리해 응고시킨 유제품으로 포화지방산과 비타민, 미네랄이 풍부해요. 포화지방은 무조건 살찐다고 오해하기 쉽지만, 다른 영양소의 소화 흡수를 돕는 역할을 하며 에너지원으로 소비돼요. 버터는 성분표를 확인해 유크림(유지방) 100%의 천연버터를 구입해요. 식물성기름을 고체로 만든 식물성버터(마가린)는 제조 과정에서 트랜스지방이 생겨 건강에 해로우니 피해요.

아보카도
불포화지방, 식이섬유 등 영양소가 풍부해 '숲속의 버터'로 불려요. 크리미한 식감을 가져 크림리소토나 파스타, 샌드위치 등에 곁들이면 마치 버터처럼 부드러운 맛을 더해요.

우유 & 무가당두유 & 귀리우유
크리미하고 느끼한 맛의 크림리소토나 파스타가 당길 때면, 위의 3가지 제품을 활용해 크리미한 질감의 요리를 완성해요. 우유를 잘 소화시키지 못하거나 좀 더 가벼운 질감을 원한다면 당이 첨가되지 않은 무가당두유나 귀리우유, 아몬드우유 등으로 대체해요.

신선하게 유지하는 식재료 보관법

요리하기로 마음먹고 이것저것 다양한 제품을 구매하다 보면, 결국 사용하지 않은 채 냉장고 안에서 상해버리는 식재료가 많이 생겨요. 식재료는 적당히 먹을 만큼 조금씩 사는 것도 중요하지만, 구매한 이후에 보관하는 법도 중요해요. 무조건 냉장고 안에 쌓아두지 말고 좀 더 오랫동안 영양을 유지하며 신선하게 먹을 수 있는 보관법을 알려드려요.

잎채소

다이어트할 때 충분히 섭취해야 하는 잎채소는 생각보다 빨리 시들어요. 잎채소를 사면 먼저 무른 부분은 과감히 버리고 깨끗이 씻어 어느 정도 물기를 제거해요. 밀폐용기에 키친타월을 깔고 채소를 올린 뒤, 다시 키친타월을 덮어서 밀폐해요. 뿌리가 있는 상추나 케일 등의 잎채소는 뿌리 쪽이 아래로 가도록 용기를 세워서 보관하면 평소보다 싱싱하게 오래 보관할 수 있어요. 이때 키친타월은 채소의 적정한 습도를 유지시켜주는 역할을 합니다.
조금 시든 채소가 있다면 차가운 얼음물에 식초를 약간 넣고 5분간 담가두면 싱싱함이 어느 정도 살아나요. 잎채소를 너무 많이 샀을 때는 소분해서 얼려두었다가 키위, 파인애플 등의 과일과 함께 갈아서 그린스무디로 먹어도 좋아요.

토마토소스 & 바질페스토

음식에 건강한 감칠맛을 더해줘 자주 활용하는 두 소스는 개봉 전에는 유통기한이 꽤 길지만, 개봉 후엔 냉장 보관해도 금세 곰팡이가 생겨요. 그럴 땐 며칠 내로 소비할 정도의 분량만 냉장 보관하고, 나머지는 실리콘아이스틀 등에 소분해 냉동 보관해요. 얼음 크기로 소분해서 얼렸다가 밀폐용기나 지퍼백 등에 넣어 냉동하면 간단한 요리에 하나씩 사용하기 좋고, 오랜 기간 동안 상할 염려 없이 사용할 수 있어요.

잡곡 & 오트밀 & 곡물류

개봉 전에는 습기나 직사광선이 있는 곳을 피해 서늘한 곳에 보관해요. 개봉 이후에는 벌레가 생길 수 있으니 밀봉해서 냉장 혹은 냉동 보관해요.

아보카도

여름에는 1~2일, 봄, 가을에는 3~5일, 겨울에는 일주일 정도 실온에서 후숙해요. 익지 않은 초록빛 아보카도라면 냉장 보관은 금물이고, 어두운 녹색으로 후숙된 아보카도만 바로 먹지 않을 경우에 최대 2~3일간 냉장 보관해요. 아보카도 과육은 공기 중에 방치하면 갈변 현상이 일어나니 반으로 갈라 씨가 떨어진 쪽을 먼저 사용해야 해요. 씨가 붙은 쪽에는 올리브유를 발라 랩으로 감싸거나 밀폐용기에 넣어 씨 부분이 아래로 가게 냉장 보관하면 갈변을 최대한 늦추어 오래 보관할 수 있습니다. 2~5일 내에 먹고, 과육의 겉이 살짝 갈변되기 시작했다면 그 부분만 칼로 제거하고 먹어요. 후숙한 아보카도가 많을 땐 과육을 으깨어 아보카도퓌레를 만들어 냉동해두면 편리해요.

생들기름

일반 들기름은 고소한 맛이 좋지만, 들깨를 고온에서 볶아서 짜낼 때 영양소 손실이 많다고 해요. 생들기름은 일반 들기름보다 고소한 맛은 덜하지만 오메가-3를 비롯한 영양분이 더욱 풍부해 저는 주로 생들기름을 즐겨 먹어요. 모든 들기름은 공기 중에 노출되면 산패가 쉽게 일어나니 조금 비싸더라도 갓 짠 국내산 생들기름을 추천해요. 또 개봉 후엔 산패가 빨리 진행되니 신문지 등으로 감싸 빛을 차단해 냉장 보관하고, 2개월 내에 먹을 수 있는 소포장 제품을 권합니다. 들기름은 열점이 낮으므로 중불에서 가열하거나 불을 끄고 사용하고, 샐러드드레싱처럼 그대로 활용하는 것이 좋아요.

낫토

콩 발효식품 낫토는 단백질과 식이섬유가 풍부해 간편하게 먹을 수 있어 편리해요. 하지만 냉장 보관 시 유통기한이 지나면 과발효되어 콩의 쓴맛이 강해져요. 그래서 생낫토, 냉동낫토 모두 냉동 보관했다가 먹기 1~2일 전에 냉장실로 옮겨 자연해동하는 게 좋아요. 생낫토를 바로 냉동 보관했다면 발효가 멈춘 상태이므로 유통기한이 어느 정도 지났어도 먹을 수 있어요. 낫토에 열을 가하면 유익균이 파괴되니 냉동낫토를 전자레인지로 해동할 땐 단시간만 가열하고, 불을 쓰지 않는 요리 재료나 토핑으로 활용해요.

각종 소스류

① 실온 보관
소금, 스테비아(+에리스리톨), 알룰로스, 올리고당, 꿀, 식초, 올리브유, 참기름, 코코넛오일

② 냉장 보관
(생)들기름, 된장, 간장, 케첩, 스리라차소스, 마요네즈, 시나몬가루, 바질가루, 파슬리가루

③ 냉동 보관
고춧가루, 크러쉬드레드페퍼, 페페론치노, 통후추, 후춧가루, 깨

밀프렙의 모든 것

직장이나 학교에 다니면서 운동을 하고 매 끼니를 직접 요리해 먹는 건 여간 힘든 일이 아니에요. 그렇다고 샐러드나 건강식을 자주 사 먹기엔 금전적으로 부담이 되죠. 저 또한 야근이 많은 직장에 다녔지만 감량에 성공했는데요, 제가 다이어트에 성공할 수 있었던 건 밀프렙 덕분이라고 해도 과언이 아니에요. 주말에 하루만 1~2시간 투자해서 밀프렙을 해두면 야근한 날에도, 피곤해서 도시락을 준비하지 못하고 잠드는 날에도 어김없이 도시락을 챙겨갈 수 있었거든요. 밀프렙 경력 7년 차인 제가 실전에서 쌓은 밀프렙 팁을 낱낱이 공개할게요!

잠깐! 밀프렙은 일주일 치 식사를 한 번에 미리 준비해놓고 끼니마다 꺼내 먹는 방법으로 식사(meal)와 준비(preparation)의 합성어예요. 건강한 식단을 구성할 수 있고 시간과 식비를 절감할 수 있는 것이 장점이죠.

요리별 밀프렙 분류

상할 염려 없이 밀프렙이 가능한 요리

열을 가해 재료를 전부 익혀서 먹는 볶음 요리나 리소토, 덮밥, 빵, 국물 요리(수프, 스튜) 등은 상할 걱정이 없어서 5회 분량 이상 만들어 한꺼번에 밀프렙하기 좋아요. 2~3일 내로 먹을 만큼은 냉장 보관하고, 이후에 먹을 것은 냉동 보관 후에 데워 먹으면 약 한 달가량 갓 만든 요리처럼 맛있게 먹을 수 있어요. 그리고 많은 양을 요리할 때는 1회 분량을 만들 때보다 채소와 다른 재료의 양이 많아져 수분이 자연스레 늘어나므로 그만큼 기름 사용을 50~70% 정도로 줄일 수 있어 일석이조랍니다.

2~3일 내로 먹어야 하는 밀프렙 요리

생채소가 들어가 냉동 보관이 어려운 샐러드나 샌드위치, 토르티야롤은 2~3회 분량만 만들어 냉장 보관해서 2~3일 내로 먹어요. 칸막이로 자리가 분리된 밀폐용기를 구비하면 샐러드의 생채소와 단백질류를 따로 넣을 수 있어 냄새가 배지 않고 신선하게 먹을 수 있어요. 샌드위치는 속 재료의 수분이 빠져나가 빵이 눅눅해지는 걸 최대한 방지하기 위해 씻은 뒤 물기를 잘 제거한 잎채소나 슬라이스치즈 등 수분이 잘 흡수되지 않는 식재료를 통밀식빵과 바로 맞닿게 올려요. 소스를 빵에 직접 바르는 레시피라면 속 재료에 소스를 바르거나 먹을 때 소스를 뿌리는 게 좋아요.

밀프렙에 적합하지 못한 요리

그때그때 만들어 먹는 면 요리나 김밥은 밀프렙에 맞지 않아요. 특히 김밥은 냉장 보관하면 속 재료의 수분이 밖으로 빠져나와 김이 눅눅해지고 김 비린내가 나는 데다, 재료가 모두 섞여 있어 다른 요리보다 상하기 쉬워요. 김밥 도시락을 싸가고 싶다면 전날 저녁에 재료 손질만 미리 해두고 아침에 김밥을 말길 추천해요. 더운 여름철엔 실온에 두면 금방 상하니 유의하세요.

미니의 밀프렙 꿀템

냉동채소믹스
밀프렙에서 가장 귀찮은 과정은 시간이 많이 드는 채소 손질일 거예요. 그럴 땐 채소를 하나하나 준비하는 대신에 냉동채소믹스를 사용해요. 세척이나 칼질할 필요 없이 냄비에 그대로 부어 사용하면 되니까 밀프렙 조리 시간을 절반 이상 절약해줘요. 옥수수, 콩이 들어간 냉동채소는 유전자 변형 식품을 피해 유기농 제품을 선택해요.

채소다지기(차퍼) & 푸드프로세서
채소 써는 시간을 줄여주는 고마운 도구예요. 채소를 대강 썰어 넣고 끈을 당기거나 손잡이를 돌리기만 하면 되는 차퍼, 그리고 당기는 것마저 귀찮다면 버튼만 한 번 누르면 자동으로 채소를 다져주는 푸드프로세서를 추천해요. 채소를 칼질할 필요가 없어 요리 시간이 줄어드니 귀차니스트도 요리초보자도 좀 더 쉽고 편리하게 밀프렙할 수 있어요.

깊고 큰 냄비
한꺼번에 많은 양을 볶는 요리를 할 땐 이리저리 채소가 튀어나가지 않게 얕은 프라이팬 대신 깊고 큰 냄비를 활용해요. 튀어나간 채소를 줍는 시간을 절약하고 뒷정리도 빠르고 깔끔하게 끝낼 수 있어요.

내열실리콘주걱
한꺼번에 많은 양의 음식을 볶을 땐 평소 요리할 때보다 손을 크게 움직여야 해요. 스테인리스로 된 조리도구나 숟가락으로 볶다 보면 냄비나 프라이팬의 코팅이 벗겨지거나 흠집이 생기고 수명이 짧아져요. 이때는 냄비 바닥이 쉽게 긁히지 않고 열을 가해도 되는 내열실리콘주걱을 활용해 힘주어 요리해요.

전자레인지 사용이 가능한 건강한 밀폐용기
소분해서 냉장 혹은 냉동 보관했다가 데워 먹는 밀프렙 요리는 용기도 중요해요. 환경호르몬 걱정 없이 전자레인지 사용이 가능한 내열유리나 pp(폴리프로필렌) 소재의 밀폐용기를 동일한 크기로 여러 개 준비하면 좋아요. 밀폐용기 전문 브랜드나 천원숍을 이용하세요.

냉동완조리닭가슴살 & 건강즙
무더운 여름엔 밀프렙한 도시락이 혹시라도 상하지 않을까 걱정되죠? 그럴 땐 무겁게 아이스팩을 따로 갖고 다닐 필요 없이 양배추즙, 양파즙 등 건강즙을 냉동시키거나 냉동된 완조리닭가슴살을 아이스팩 대용으로 사용해보세요. 간식으로 먹어버리면 귀갓길에 도시락 가방이 한결 가벼워져요.

샌드위치 & 토르티야롤 종이 포장법

코로나 19 그리고 전 세계의 이상 기후로 인해 환경에 관한 관심이 날로 높아지고 있어요. 저 또한 건강한 감량을 위해 샌드위치나 토르티야롤을 정성스럽게 만들면서 막상 포장할 때는 비닐로 만든 랩을 사용하는게 점점 꺼려지더라고요. 그래서 썩지 않는 랩 대신 종이로 포장하기 시작했어요. 쉽고 간단한 종이 포장법을 알려드릴 테니 환경을 위해 다 함께 작은 것부터 실천해봐요.

잠깐!
- ☑ 33cm×33cm 크기의 정사각형 유산지(크라프트 식품지)를 활용했는데, 뚱뚱이 샌드위치를 포장하기에도 알맞은 크기라 추천해요.
- ☑ 유산지와 헛갈리기 쉬운 종이포일은 테이프가 붙지 않아 포장이 어려우니 유산지를 사용해요.

토르티야롤 종이 포장법

토르티야의 아랫부분을 잡고 김밥 말듯 말아요.

1. 유산지를 마름모꼴로 깔고, 토르티야와 속 재료를 차곡차곡 쌓아올린 다음, 양손으로 토르티야를 힘주어 말아 롤을 만들어요.

2. 롤을 그대로 유산지 하단으로 가져와 유산지 아랫부분과 롤을 함께 잡고 돌돌 말아요.

3. 반쯤 말다가 멈추고 유산지 양옆 중 한쪽을 안으로 접어 종이테이프로 고정하고, 나머지 한쪽도 똑같은 방법으로 고정해요.

4. 유산지 위쪽으로 남은 부분을 힘주어 돌돌 말고 종이테이프로 고정해 먹기 좋게 썰어요.

샌드위치 종이 포장법

1. 유산지를 네모나게 깔고, 샌드위치 재료를 차곡차곡 쌓아 올려 식빵으로 덮어요.

손으로 고정하고 유산지 한쪽을 밀어 넣듯이 당기면 더 단단히 포장돼요.

2. 빵을 한 손으로 가볍게 잡고 유산지의 좌우를 당기듯이 올려 접으면서 유산지를 충분히 겹쳐 종이테이프로 고정해요.

3. 유산지 아랫부분의 양옆을 샌드위치 모양에 맞춰 움푹하게 접고, 남은 부분도 선물 포장하듯 접어 종이테이프로 고정해요.

4. 방금 포장한 부분이 바닥에 닿게 샌드위치를 세우고, 위쪽도 아래쪽과 똑같이 선물 포장하듯 접어 종이테이프로 고정해요.

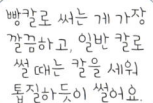

빵칼로 써는 게 가장 깔끔하고, 일반 칼로 썰 때는 칼을 세워 톱질하듯이 썰어요.

5. 샌드위치를 쌓은 단면을 생각하며 칼질할 방향을 정한 다음, 테이프를 붙인 면을 아래로 가게 두고 칼로 썰어요.

디디미니 레시피로 살 뺀 미니언쥬의 생생 후기

다이어트를 결심하고 제 입맛에 맞춰 저만의 다이어트 레시피를 하나하나 만드는 과정을 공유한 지 7년이 되었어요. 그 사이에 저는 감량에 성공해 7년째 유지하고 있고, 그 시간을 함께해준 수많은 분들 덕분에 네 번째 요리책까지 선보이게 되었어요. 게다가 여러분의 피땀눈물 섞인 실천과 감동적인 후기가 어우러진 '#디디미니레시피', '#디디미니레시피도장깨기' 게시물 해시태그가 무려 9만 개를 돌파했답니다. 즉, 저뿐만이 아니라 많은 분이 감량에 성공하거나 건강을 되찾고, 식이장애를 극복하고, 나쁜 습관이 좋은 습관으로 변화하는 과정을 생생하게 증명한 것이죠. 그럼 '#디디미니레피시 도장깨기 챌린지' 우승자들의 소중한 후기를 공개할게요. 저도 해냈고, 많은 분이 목표를 달성했으니 여러분도 도전하세요. 우리 모두 감량에 성공할 수 있어요!

@yennionz

"69kg에서 58kg으로 감량하며 생리통과 멀어졌어요!"

평소에는 구토를 동반한 생리통으로 고생했는데
식단을 실천하면서 생리통이 없어져서 너무 신기해요.
식단이 몸에 끼치는 영향이 이렇게 대단하다니요!
원래 먹는 것만 먹는 호불호 강한 입맛이었는데 식단을 실천하며
셀러리, 낫토, 시금치 등 재료에 대한 선입견이 깨졌어요.
지긋지긋하던 양배추, 고구마, 닭가슴살을
다양하게 활용할 수 있다는 것도 알았고요.
몸과 마음의 부담 없이 이렇게 즐겁게 다이어트한 게 처음이랍니다.
게다가 건강한 습관을 얻게 돼서 앞으로도 식단을 쭉 지속할 거예요.

유르
@yuru.daily

"체지방은 4.2kg이 빠지고 근육은 1.1kg이 올랐어요!"

바디프로필을 위해 무리한 다이어트로 인생 최저 몸무게가 됐지만,
뒤이어 식이장애가 생기고 13kg의 요요가 왔었어요.
그 뒤 디디미니 레시피를 만들어 먹고 스트레칭을 병행하며
'맛있게 먹으며 건강한 습관 만들기'에 중점을 두고 다이어트했죠.
그랬더니 체지방은 4.2kg이 빠지고 근육은 1.1kg이 올랐어요.
내가 만든 요리에 애정을 갖게 하고 성취감을 맛보게 해줘 정말 감사해요.

지니어터
@jini_erter

"속세맛에 깜짝 놀라고 식단을 실천하며 변화하는 제 모습이 너무 뿌듯해요!"

와! 흔히 먹는 식재료인데 어떻게 이런 속세맛 뺨치는 맛을 창조했나요?
챌린지를 하는 동안 속세 음식이 하나도 생각나지 않았거든요!
게다가 디디미니 간식이 식욕까지 눌러주니 더 만족했고요.
가족들 입에도 잘 맞아서 자주 만들어줬고 지인에게 음식 선물도 하고
다이어트하며 소소한 행복을 많이 느꼈답니다.
가장 큰 변화는 자책하거나 무리하게 감량하지 않아도
즐겁고 건강하게 다이어트할 수 있다고 제 마인드가 바뀐 것인데요,
지속 가능한 습관을 형성해주려는 디디미니님의 큰 그림이겠죠?

조아
@dd.joaaaa

"2.1kg 감량으로 뱃살이 빠지고 콜레스테롤 수치가 줄었어요!"

드디어, 드디어 몸무게 앞자리가 바뀌었습니다!
뱃살이 특히 많이 빠져서 바지가 헐렁해지는 바람에 살 빠지면 입으려던 옷을 입게 되었어요.
게다가 유전인 줄로만 알았던 높은 콜레스테롤 수치는 군것질이나 자극적인 음식을 끊어도 안 내려갔었는데
디디미니 레시피를 먹고 나니 쑥 내려갔어요. 정말 신기하죠?
아! 갓 입문한 미니언쥬에게 제 경험에서 얻은 팁을 공유하면, 미니표 레시피는
재료 궁합이 좋아서 '레시피를 그대로 따라 하면 정말 맛있다'는 것!
미니님, 저에게 고수의 맛을 알게 해주셔서 감사합니다!

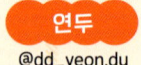
연두
@dd_yeon.du

"3kg 감량 후 눈바디가 좋아지고 꽉 꼈던 바지가 입기 편해요!"

다이어트 8할은 식단인데, 디디미니표 레시피는 믿고 먹을 수 있다고 자부해요.
다이어트 안 하는 찍꿍도 맛있어서 좋다고 하니 맛은 보장된 거죠.
디디미니 식단은 저에게 요요로 인한 악순환의 굴레를 끊어줬어요.
맛없는 다이어트식이 아니라 먹자마자 "오!" 하는 반응이 나오니
감량 식단에 대한 강박감이나 다이어트에 대한 마음가짐도 조금씩 바뀌었죠.
예전에 꽉 꼈던 바지가 입기 편하게 느껴지는 즐거움, 다들 아시죠?
나를 위해 예쁘게 차려 먹고 사진 찍는 재미도 쏠쏠하고
미니언쥬와의 소통도 즐거워 다이어트마저 꿀잼이었답니다.

맛깔
@kim_makkal

"다이어트는 물론 요리, 소통, 자아존중감에 변화가 생겼어요!"

저는 요리를 잘하지 못하는데요, '어라 따라 하기 쉽잖아?' 하다가
먹어 보니 제 입맛에 찰떡같이 잘 맞아서 다시 '어라?' 하며 놀랐어요.
이제는 건강하고 맛있는 한 끼를 만들어 나에게 대접하는 게
진심으로 즐거운 일이 되었어요. 앞으로는 친구들에게도 대접할 수 있겠죠?
식단도 만족했고, 디디미니 라이브 방송을 통해 미니언쥬와 소통하고
응원하고 꿀팁을 나누며 함께 다이어트하는 보람도 컸어요.
남들처럼 예쁘게 사진을 찍을 수 없어서 사진을 보정하는 새로운 작업을
시작했는데, 이로 인해 내가 나를 찾아가는 시간을 얻었고 자아를 존중하게 되었어요.
저는 디디미니 다이어트로 좋은 사람들과 긍정적인 변화를 선물 받았답니다.

저는 물론이고 수많은 독자님이 해냈으니
올해의 주인공은 바로 여러분이에요!
인스타그램 @dd_mini에서
#디디미니레시피도장깨기 챌린지는 계속됩니다.
모두 함께 맛있고 건강하고 즐겁게 다이어트해요!

LOW CARBOHYDRATE HIGH PROTEIN DIET RECIPES

PART 1

이보다 간단할 수 없다!
전자레인지 & 원팬 요리

하루 24시간은 누구에게나 똑같이 주어지는데
직장 다니랴, 육아하랴, 공부하랴 눈코 뜰 사이 없이 바쁜 와중에도
감량을 위해 운동하고 다이어트 요리까지 하는 게
여간 쉽지 않을 거예요. 저도 여러분과 마찬가지였거든요.
그래서 요리똥손도, 귀차니스트도 전자레인지나 단 한 개의 팬으로
정말 쉽고 빠르게, 휘리릭 만들 수 있는 초간단 레시피를 알려드려요.
우리의 시간은 쑥쑥 빠지는 살만큼이나 너무너무 소중하니까요!

곤약만두오트밀밥

🟠 Morning 🟢 Lunch

전자레인지

다이어트 중에 만두가 생각나면 닭가슴살곤약만두를 사곤 했어요. 하지만 칼로리를 줄이려고 밀가루 대신 곤약으로 피를 만들어서 그런지 만두피와 속 재료가 겉돌아서 손이 잘 안 가더라고요. 결국 냉동실에 쌓아두기만 하다가 곤약만두를 활용한 초간단 5분 메뉴를 개발했죠. 쫀득한 곤약 만두피와 오트밀이 어울려 맛도 최고, 모자란 단백질은 달걀로 채워 영양도 최고랍니다!

Ingredients

- ☐ 닭가슴살곤약만두 3개
- ☐ 오트밀 4큰술(25g)
- ☐ 달걀 2개
- ☐ 청양고추 1개
- ☐ 피자치즈 15g
- ☐ 물 1/2컵
- ☐ 간장 1/2큰술
- ☐ 크러쉬드레드페퍼 약간

1. 내열용기에 오트밀을 넣고 달걀을 깨 넣은 다음, 고추를 가위로 먹기 좋게 잘라 넣는다.

2. 닭가슴살곤약만두를 가위로 4등분하여 잘라 넣고, 물, 간장을 넣어 잘 섞은 다음, 피자치즈를 뿌린다.

3. 전자레인지로 2분+1분 30초간 2회에 나누어 가열한 다음, 크러쉬드레드페퍼를 뿌린다.

콘치즈맛리소토

🟠 Morning　🟢 Lunch

전자레인지

톡톡 터지는 옥수수와 쭉 늘어나는 치즈가 환상적인 맛을 자아내는 콘치즈는 사실
지방과 탄수화물 폭탄이랍니다. 하지만 콘치즈의 유혹을 참기만 하면 너무 슬프니까
다이어트용 콘치즈에 리소토까지 곁들여 먹어요. 유기농옥수수와 식물성마요네즈,
달걀을 사용해서 더 건강해진 데다, 점보오트밀 덕분에 식감도 더 좋아졌어요.
스리라차소스가 더해져 느끼함도 없답니다.

Ingredients

- ☐ 점보오트밀 4큰술(25g)
- ☐ 유기농옥수수통조림 2큰술
- ☐ 양파 1/4개(45g)
- ☐ 달걀 2개
- ☐ 피자치즈 20g
- ☐ 귀리우유 4큰술
  (혹은 우유, 무가당두유)
- ☐ 식물성마요네즈 1큰술
  (혹은 하프마요네즈)
- ☐ 스리라차소스 1큰술
- ☐ 파슬리가루 약간

1. 내열용기에 양파를 가위로 먹기 좋게 잘라 넣고, 달걀을 깨 넣는다.

2. 귀리우유, 오트밀, 옥수수 1½큰술, 마요네즈, 스리라차소스 1/2큰술을 넣고 잘 섞는다.

3. 피자치즈, 옥수수 1/2큰술을 뿌리고, 전자레인지로 2분+2분간 2회에 나누어 가열한다.

윗면을 토치로 살짝 그을리거나 에어프라이어, 오븐 등으로 살짝 구우면 노릇노릇해서 더 맛있어 보여요.

4. 파슬리가루, 스리라차소스 1/2큰술을 뿌리고 잘 비벼 먹는다.

MINI'S KICK

귀리를 건조해서 압착한 점보오트밀은 식이섬유가 풍부한 복합탄수화물 식품으로, 요리에 적은 양을 사용해도 포만감이 좋아요. 입자가 커서 2~3분 정도 충분히 조리하면 다른 오트밀보다 더 쫄깃한 식감을 즐길 수 있어요. 건조된 식품이라 보관이 용이하고, 밥이 없을 때 물에 불려 밥 대신 먹기에도 좋아요.

동남아맛컵누들

 Morning ● Dinner

원팬

바쁠 때나 라면이 간절할 때면 저칼로리 다이어트 간편식 컵누들을 애용하지만, 나트륨 함량이 높아 자주 먹긴 부담스러워요. 그래서 나트륨을 줄이면서 근사한 요리로 변신하는 방법을 알려드릴게요. 분말수프는 딱 절반만 넣고, 참치로 단백질을 채우고, 100% 무가당땅콩버터로 건강한 지방을 더하고, 고수와 레몬즙으로 맛을 더하면 끝! 딱 5분 만에 파는 요리 못지않은 동남아 맛 누들이 만들어져요.

Ingredients

- [ ] 컵누들 1개(매콤한맛)
- [ ] 참치통조림 1개(100g)
- [ ] 청양고추 1개
- [ ] 고수 10g(혹은 깻잎)
- [ ] 삶은 달걀(반숙란) 1개
- [ ] 다진 마늘 1/2큰술
- [ ] 레몬즙 1큰술
- [ ] 100% 무가당땅콩버터 1/2큰술
- [ ] 햄프시드 약간
- [ ] 끓는 물 1컵

1. 컵누들에 수프를 절반만 넣고, 고추, 고수 2/3 분량을 가위로 먹기 좋게 잘라 넣는다.

2. 참치는 숟가락으로 눌러 기름을 빼고, 참치, 다진 마늘을 컵누들에 넣는다.

3. 컵누들에 끓는 물을 붓고 뚜껑을 닫아 3분간 익힌 다음, 레몬즙, 고수, 삶은 달걀, 땅콩버터, 햄프시드를 올린다.

MINI'S KICK

땅콩버터는 풍부한 단백질과 미네랄, 혈관 건강에 이로운 불포화지방산 등으로 구성되어 있어요. 땅콩버터를 구입할 땐 설탕과 식품첨가물이 들어 있지 않은 100% 무가당땅콩버터를 선택해요.

저탄수알리오올리오

 Morning ● Dinner

· 원 팬

새로 나온 식재료 중에 제가 사랑에 빠진 건 바로 두부면! 100g짜리 한 팩에
단백질이 무려 15g이고, 식이섬유를 제외한 순탄수화물은 1g밖에 안 되니
다이어트 중에도 면 요리를 부담 없이 먹을 수 있죠. 탱글탱글한 식감을 가진 새우로
동물성 단백질을, 다진 마늘과 파르메산치즈로 감칠맛을 더해서 맛도 영양도
밀가루 알리오올리오에 뒤지지 않아요.

Ingredients

- [ ] 두부면 1팩(100g)
- [ ] 새우 5마리(120g)
- [ ] 마늘 4개
- [ ] 고수 10g(혹은 깻잎)
- [ ] 다진 마늘 1큰술
- [ ] 파르메산치즈가루 1/3큰술
- [ ] 후춧가루 약간
- [ ] 올리브유 1큰술

1. 마늘은 가위로 3등분하고, 고수는 한입 크기로 썰고, 두부면은 흐르는 물에 헹궈 물기를 뺀다.

냉동새우는 물에 헹궈 따뜻한 물에 담가 해동되면 물기를 털어 사용해요.

2. 팬에 올리브유를 두르고 자른 마늘, 다진 마늘을 넣어 약불에서 노릇하게 굽다가 새우를 넣어 볶는다.

3. 두부면을 넣고 가볍게 볶다가 치즈가루를 뿌려 살짝 볶는다.

4. 후춧가루를 뿌리고 고수를 올린다.

청양바질국물파스타

🟠 Morning 🔵 Dinner

원팬

한국인이 사랑하는 식재료인 청양고추로 뜨끈한 국물파스타를 만들 수 있어요.
알싸한 맛의 청양고추와 감칠맛 내는 양파, 고소하고 향긋한 바질페스토,
알알이 씹히는 식감이 재밌는 옥수수가 만나면? 먹고 뒤돌아서자마자 다시 생각나는
얼큰하고 맛있는 요리가 되죠. 다이어트 중에 샐러드나 찬 음식만 먹었다면
국물파스타로 몸을 뜨끈하고 든든하게 채워요.

Ingredients

- ☐ 두부면 1팩(100g)
- ☐ 청양고추 2개
- ☐ 양파 1/2개(100g)
- ☐ 유기농옥수수통조림 1큰술
- ☐ 무가당두유 190ml
  (혹은 우유, 귀리우유)
- ☐ 물 1/2컵
- ☐ 바질페스토 2/3큰술
- ☐ 피자치즈 15g
- ☐ 후춧가루 약간
- ☐ 올리브유 1/2큰술

1. 고추, 양파는 가위로 먹기 좋게 잘라 팬에 넣고, 두부면은 물에 여러 번 헹군다.

2. 팬에 올리브유를 두르고 양파가 갈색이 될 때까지 고추와 함께 볶는다.

3. 두부면, 무가당두유, 물을 붓고 중불에서 한 차례 끓인다.

좀 더 얼큰하게 먹으려면 청양고춧가루를 추가해요.

4. 옥수수, 바질페스토를 넣고 저어가며 가볍게 끓이다가 피자치즈, 후춧가루를 뿌린다.

깻잎김밥맛리소토

🟠 Morning 🟢 Lunch

전자레인지

맛있어서 매일 먹고 싶지만, 만드는 데 손이 많이 가는 음식 중 하나가 김밥이죠.
시판 김밥이라면 칼로리가 걱정되기도 하고요. 그래서 깻잎김밥 같은 리소토를
만들어봤어요. 깻잎과 김, 오트밀을 섞어 가열했더니 리소토인데도
김밥 맛이 나서 김밥 욕구를 충족해준답니다. 식이섬유와 단백질까지
빵빵한 메뉴인 데다 한국인 입맛에 딱 맞아요.

Ingredients

- ☐ 완조리닭가슴살 100g
- ☐ 오트밀 5큰술(30g)
- ☐ 깻잎 7장
- ☐ 배추김치 40g
- ☐ 김밥김 1장
- ☐ 물 1컵
- ☐ 생들기름 1큰술
- ☐ 통깨 1/3큰술

1. 내열용기에 오트밀, 물 1/2컵을 넣고 전자레인지로 1분간 가열한다.

2. 가열한 오트밀에 깻잎, 김치를 가위로 잘게 잘라 넣고, 닭가슴살, 김 1/2장을 손으로 찢어 넣는다.

3. 모든 재료를 비비듯이 잘 섞고, 물 1/2컵을 부어 전자레인지로 2분간 더 가열한다.

4. 남은 김 1/2장을 잘게 찢어 올리고, 생들기름, 통깨를 뿌린다.

MINI'S KICK

일반 들기름은 생들기름보다 고소한 맛이 일품이지만, 들깨를 고온에서 볶아서 짜내는 과정에서 영양소 손실이 크다고 해요. 반면에 생들기름은 들기름에 비해 고소한 맛은 덜하지만, 오메가-3를 비롯한 영양소가 풍부하죠. 그래서 저는 일반 들기름보다 생들기름을 선호해요. 그리고 생들기름은 산패의 위험이 있어 조금 비싸더라도 갓 짠 국내산 생들기름을 추천해요. 개봉 후엔 산패가 더욱 빨리 진행되기 때문에 냉장실에 보관하고, 2개월 내 먹는 것이 좋으니 소량 포장된 제품을 구입해요. 또한 들기름은 열점이 낮아 가열할 땐 중불에서 재빨리 조리하거나 불을 끄고 나서 사용해요. 향이 좋아서 샐러드드레싱으로 활용해도 좋아요.

여름맛비빔면

● Morning ● Dinner ● Meal prep

원팬

아작아작한 식감과 싱그러운 향이 좋은 오이는 다이어트 재료로 쓸모가 많아요. 그런데 오이를 칼등으로 때려서 으스러뜨리면 산뜻한 향은 물론이고 수분감도 배가된다는 사실을 아시나요? 닭가슴살과 오이를 함께 무치면 오이의 수분 덕분에 뻑뻑한 닭고기마저도 부드러워지죠. 여기에 저칼로리면을 더해 저녁에 먹어도 걱정 없는 비빔면을 만들어 여름의 맛을 한껏 즐겨봐요.

Ingredients

- ☐ 라이트누들 1봉(150g)
- ☐ 완조리닭가슴살 100g
- ☐ 오이 1개
- ☐ 마늘 3개
- ☐ 고수 29g(혹은 깻잎)
- ☐ 소금 약간
- ☐ 식초 2큰술
- ☐ 알룰로스 1큰술(혹은 올리고당)
- ☐ 생들기름 1큰술
- ☐ 검은깨 1/3큰술

1. 누들은 물기를 빼고, 닭가슴살은 손으로 먹기 좋게 찢는다.

오이, 마늘을 칼등으로 부수어 썰면 향이 풍부하게 살아나요.

2. 오이는 칼등으로 힘주어 때리듯이 으스러뜨려 한입 크기로 썰고, 마늘은 굵게 다지고, 고수는 한입 크기로 썬다.

고수 잎은 조금 남겨뒀다 플레이팅 후에 토핑해요.

3. 누들, 닭가슴살, 오이, 마늘, 고수에 소금, 식초, 알룰로스, 생들기름, 검은깨를 섞어 골고루 비빈다.

MEAL PREP TIP

곤약면은 면끼리 붙지 않아 밀프렙하기 좋아요. '모든 재료 1회 분량 x n끼니'로 계산하여 만들되, 이때 소금, 식초, 알룰로스, 생들기름의 양은 70% 정도로 줄여요. 3~4회 분량을 만들어 소분하길 추천합니다! 냉장 보관해서 시원하게 먹어야 맛있어요.

MINI'S KICK

일반 곤약면은 특유의 향 때문에 데쳐서 사용하거나 볶음 요리에 활용해요. 하지만 라이트누들은 병아리콩가루와 볶음콩가루를 첨가해 곤약 특유의 향을 없애서 헹구거나 데칠 필요 없이 물기만 빼면 바로 먹을 수 있어 편리해요.

오트밀간장버터밥

🟠 Morning 🟢 Lunch

• 전자레인지

간장버터밥은 어릴 적 엄마가 자주 해주시던 음식이라 그런지, 언제 먹어도 맛있어요. 그렇지만 다이어터인 우리는 흰쌀밥 대신 더 건강한 재료를 찾아야겠죠?
오늘은 오트밀이 쌀밥 대신 착한 탄수화물 역할을 하고, 달걀이 단백질을 도맡을 거예요. 지방은 무염버터가 책임지고, 식이섬유 듬뿍 든 양배추까지, 영양과 포만감이 끝판왕인 한 그릇이죠? 조리도 순식간에 끝나서 자주 만들어 먹게 될 거예요.

Ingredients

- [ ] 오트밀 4큰술(25g)
- [ ] 양배추 120g
- [ ] 배추김치 48g
- [ ] 달걀 2개
- [ ] 간장 1큰술
- [ ] 무염버터 10g
- [ ] 파슬리가루 약간

양 조절이 힘든 반찬류는 작은 볼에 따로 담아 먹어요.

1. 양배추는 작게 깍둑 썰고, 김치는 작은 한입 크기로 썬다.

2. 양배추, 오트밀, 달걀, 간장을 넣고 잘 섞는다.

3. 내열용기에 섞은 재료를 담고 전자레인지로 3분간 가열한다.

4. 파슬리가루를 뿌리고 무염버터를 올린 다음, 먹기 전에 잘 비벼서 김치를 곁들인다.

치킨갈릭컵빵

● Morning   ● Lunch   ● Meal prep

전자레인지

뮤즐리는 건조곡물과 견과류, 건과일로 구성된 건강한 탄수화물의 대명사예요. 보통 우유나 요거트에 섞어 먹거나 베이킹에 활용하죠. 하지만 뮤즐리는 의외로 닭가슴살, 마늘과도 잘 어울리는데요, 치킨갈릭컵빵을 맛보면 바로 이해가 될 거예요. 의외의 조합이 일구어낸 '단짠단짠'이 너무너무 맛있거든요. 양이 적어 보이지만 의외로 포만감도 좋고 조리법도 간단하니 꼭 도전해봐요.

Ingredients

- ☐ 완조리닭가슴살 50g
- ☐ 뮤즐리 40g
  (혹은 오트밀, 건과일, 견과류)
- ☐ 달걀 2개
- ☐ 우유 2큰술
- ☐ 무염버터 5g
- ☐ 다진 마늘 1/3큰술
- ☐ 파슬리가루 1/4큰술+약간
- ☐ 피자치즈 15g

1. 내열용기에 우유, 무염버터를 넣고 전자레인지로 15초간 가열해 버터를 녹인 다음, 달걀 1개, 다진 마늘, 파슬리가루 1/4큰술을 넣고 잘 섞어 반죽을 만든다.

2. 반죽 위에 닭가슴살을 손으로 먹기 좋게 찢어 넣고, 뮤즐리를 넣어 비비듯 잘 섞는다.

> 가열 시 터지지 않도록 노른자를 포크로 찔러요.

3. 섞은 재료 위에 달걀 1개를 깨 올리고, 피자치즈를 뿌린다.

4. 전자레인지로 2분+2분간 2회에 나누어 가열하고 파슬리가루를 약간 뿌린다.

MEAL PREP TIP

반죽을 달걀 2개로 만들어 단백질을 채웠기 때문에 닭가슴살은 딱 50g만 넣었어요. 이때 닭가슴살이 남는 게 신경 쓰이면, 한꺼번에 여러 개를 만들어 밀프렙하세요. 원하는 분량만큼 반죽을 섞어 내열용기에 넣고 한꺼번에 가열한 다음, 1회 분량씩 컵빵을 만들어요. 2~3일 내에 먹을 것은 냉장실에, 이후에 먹을 것은 냉동실에 보관하고 전자레인지에 해동해 데워 먹어요. 한 손에 쏙 들어오는 크기라서 바쁜 아침에 하나씩 챙겨 나가기에도 좋답니다!

저탄수볶음우동

🟠 Morning 🔵 Dinner

원팬

여러분, 기쁜 소식입니다! 이제 다이어트를 하면서도 볶음우동을 먹을 수 있어요! 밀가루 우동면 대신 곤약우동면을 사용하면 저녁에 먹어도 부담이 없을 정도로 가벼운 끼니가 된답니다. 일반 곤약면보다 식감이 살아 있는 탱탱한 곤약우동면에 넉넉한 채소와 새우까지 넣었더니, 맛도 영양도 풍부해요. 게다가 외식 욕구마저 충분히 잠재울 만큼 착한 레시피가 되었어요.

Ingredients

- [ ] 곤약우동면 100g
- [ ] 새우 4마리(98g)
- [ ] 당근 1/3개(60g)
- [ ] 양파 1/4개(40g)
- [ ] 양배추 100g
- [ ] 달걀 1개
- [ ] 파슬리가루 약간
- [ ] 청양고춧가루 약간
- [ ] 올리브유 1큰술

● 볶음우동소스
- [ ] 청양고춧가루 1/3큰술
- [ ] 간장 1/2큰술
- [ ] 생들기름 1/2큰술
- [ ] 굴소스 1/2큰술
- [ ] 알룰로스 1큰술(혹은 올리고당)
- [ ] 동결건조다진마늘큐브 3개
   (혹은 다진 마늘 1/2큰술)
- [ ] 동결건조생강큐브 2개
   (혹은 다진 생강 1/3큰술)
- [ ] 물 1/2컵

1. 달군 팬에 올리브유 1/2큰술을 두르고 달걀프라이를 만들어 덜어둔다.

2. 볶음우동소스 재료는 잘 섞고, 곤약우동면은 봉지째 헹궈 물기를 뺀다.

당근, 양파는 채칼로 썰면 편송해요.

3. 당근, 양파는 채 썰고, 양배추는 가위로 한입 크기로 잘라 팬에 넣는다.

4. 팬에 올리브유 1/2큰술을 두르고 손질한 채소를 볶다가 새우를 넣어 볶는다.

취향에 따라 청양고춧가루를 더 추가해도 좋아요.

5. 곤약우동면, 소스를 넣고 강불에서 저어가며 졸이듯 끓인다.

가쓰오부시를 곁들여도 좋아요.

6. 달걀프라이를 올리고 파슬리가루를 뿌린다.

단짠대파원팬토스트

🟠 Morning 🟢 Lunch

원팬

대파, 시나몬가루, 메이플시럽이라니 재료만 보면 의아할 테지만, 한입 먹으면 생각이 달라질걸요? 달걀물에 폭신하게 감싸진 통밀식빵에 고기 함량이 높은 샌드위치햄이 쏙! 씹을 때마다 대파의 감칠맛과 무염버터의 풍미가 팍! 여기에 시나몬가루를 톡톡 뿌려서 혈당을 조절하고 면역력을 높여요. 맛보고 나면 꼭 다시 생각날 만큼 매력적이고 이색적인 조합, 지금 바로 만나볼까요?

Ingredients

- [ ] 통밀식빵 1장
- [ ] 샌드위치햄 2장
- [ ] 대파 15cm(7g)
- [ ] 달걀 2개
- [ ] 우유 2큰술
- [ ] 허브솔트 약간
- [ ] 무염버터 10g
- [ ] 메이플시럽 1/2큰술
     (혹은 꿀, 대추야자시럽)
- [ ] 시나몬가루 약간
- [ ] 올리브유 1/3큰술

1. 대파는 가위로 송송 자른다.

볶음용 실리콘주걱을 사용하면 편리해요.

2. 팬에 올리브유를 두르고, 약불에서 달걀, 우유, 대파, 허브솔트를 넣고 재빨리 휘저어가며 재료를 잘 섞는다.

식빵 가장자리의 달걀물은 식빵 크기로 도려내 빵 위에 올린 다음, 뒤집어 구워요.

3. 달걀물이 다 익기 전에 식빵을 올려 달걀물과 겹쳐 굽고, 뒤집어서 눌러가며 굽는다.

4. 식빵 위에 샌드위치햄을 올리고 식빵을 반으로 접어서 굽다가 햄과 달걀 사이에 무염버터를 끼워 넣는다.

5. 접시에 올리고 메이플시럽, 시나몬가루를 뿌린다.

병아리콩콜리플라워구이

● Morning　● Dinner

원팬 · 에어프라이어

병아리콩은 콩류 중에서도 단백질 함량이 높고 콩 특유의 비린 맛이 없어서 자주 사용해요.
오늘은 병아리콩과 함께 다이어트에 좋은 콜리플라워를 함께 요리할 건데요,
두 재료 모두 구우면 식감이 좋아지고 훨씬 맛있어져요. 향이 좋은 양념들을 섞어서
굽는 동안 집 안에는 고소한 냄새가 진동한답니다. 속이 편하고 포만감이 오래가며 영양까지
풍부한 메뉴이니 자주 만들어 먹어요.

Ingredients

- 콜리플라워 250g
- 불린 병아리콩 80g
  (혹은 병아리콩통조림)
- 허브솔트 1/3큰술
- 다진 마늘 1/2큰술
- 파슬리가루 1/4큰술
- 올리브유 1큰술
- 피자치즈 20g
- 훈제파프리카가루 1/4큰술

1. 콜리플라워는 한입 크기로 잘라 큰 볼에 담는다.

   콜리플라워 세척법은 하단의 킥을 참고해요.

2. 콜리플라워, 병아리콩, 허브솔트, 다진 마늘, 파슬리가루, 올리브유를 잘 섞는다.

   병아리콩은 물에 담가 3~4시간 불려 사용해요.

3. 내열용기에 섞은 재료를 담고 에어프라이어에 넣어 180℃에서 10분간 굽는다.

   에어프라이어가 없을 때는 재료를 팬에 볶아 그릇에 담고 피자치즈를 올려 전자레인지로 30초간 가열해요.

4. 피자치즈, 훈제파프리카가루를 뿌리고 180℃에서 5분간 굽는다.

MINI'S KICK

브로콜리와 콜리플라워를 깨끗이 씻는 법을 알려드려요. 우선 재료를 한입 크기로 썰고 식용 베이킹소다나 식초를 1/2큰술 정도 넣은 물에 3분 정도 담가요. 다시 흐르는 물에 30초 이상 여러 번 세척하면 사이사이까지 깨끗해져요.

바나나아몬드베이크드오트밀

🟠 Morning 🟢 Lunch 🔴 Meal prep

전자레인지

빵순이라면 지금 당장 해 먹어야 할 레시피를 알려드려요. 설탕이 잔뜩 든 빵에 대한 욕망이 부풀어 오를 때, 여러분의 빵 욕구를 기분 좋게 해소해줄 맛있는 메뉴랍니다. 바나나의 건강한 단맛, 아몬드와 무염버터의 고소함, 입을 심심하지 않게 해줄 오트밀의 식감이 더해지니 떡인 듯 빵인 듯 폭신하고 쫀득한 식감이 일품이에요. 이제 빵순이도 스트레스 받지 말고 다이어트하세요!

Ingredients

- [ ] 바나나 1개
- [ ] 퀵오트밀 4큰술(25g)
- [ ] 아몬드 10개
- [ ] 달걀 2개
- [ ] 우유 4큰술
- [ ] 무염버터 10g
- [ ] 소금 약간
- [ ] 파슬리가루 1/4큰술+약간

1. 내열용기에 바나나를 넣어 포크로 으깨고, 달걀, 우유, 오트밀을 넣고 잘 섞어 전자레인지로 1분간 가열한다.

2. 가열한 재료에 무염버터, 소금, 파슬리가루 1/4큰술, 아몬드 8개를 넣어 잘 섞고, 전자레인지로 1분+1분+1분간 총 3회에 나누어 가열한다.

3. 완성된 빵에 아몬드 2개를 올리고 파슬리가루를 약간 뿌린다.

MEAL PREP TIP

한 번에 3~4회 분량을 만들어 냉동해보세요. 데워 먹으면 갓 만든 것처럼 맛있답니다.
'모든 재료 1회 분량 x n끼니'로 계량해서 만들되, 이때 무염버터, 소금, 우유는 70% 분량으로 줄여서 만들어도 충분히 맛있어요.

진미채마늘볶음밥

🟠 Morning 🟢 Lunch 🔴 Meal prep

원팬

오징어에 단백질이 풍부하다는 건 다 아시죠? 진미채 또한 100g당 약 60g의 단백질을 함유한 고단백 식품이에요. 오징어의 수분을 날려서 가공한 식품으로 간이 짭조름해서 조리할 때 따로 간을 하지 않아도 아주 맛있어요. 하지만 고단백 식품이라고 마구 먹다가는 '살크업'할 수 있으니 양 조절은 필수! 적당한 양의 진미채와 달걀, 유기농완두콩으로 동물성·식물성단백질을 모두 채워요.

Ingredients

- ☐ 현미곤약밥 1팩(150g)
- ☐ 진미채 30g
- ☐ 달걀 1개
- ☐ 냉동유기농완두콩 30g
- ☐ 다진 마늘 1/2큰술
- ☐ 후춧가루 약간
- ☐ 올리브유 1/2큰술

1. 달군 팬에 올리브유를 두르고 달걀을 깨 올린 다음, 약불에서 휘저어가며 스크램블드에그를 만든다.

2. 달걀이 반쯤 익으면 불을 끄고, 진미채를 가위로 잘게 잘라 팬에 넣는다.

3. 다시 중불로 켜고 다진 마늘, 완두콩, 현미곤약밥을 넣어 볶는다.

4. 불을 끄고 후춧가루를 뿌린다.

MEAL PREP TIP

볶음밥은 대량 밀프렙의 단골 메뉴죠. 한 번에 3~5회 분량 이상을 만들길 추천해요. '모든 재료 1회 분량 x n끼니'로 계산하여 만들되, 올리브유는 50% 분량만 사용해도 충분해요. 볶기 편하게 처음부터 크고 깊은 냄비를 사용하고, 소분하여 2~3일 내 먹을 것은 냉장실에, 이후에 먹을 것은 냉동실에 보관하여 전자레인지에 해동해 데워 먹어요.

MINI'S KICK

후춧가루를 가열하면 발암물질인 '아크릴아마이드' 함량이 10배 이상 증가한다고 해요. 120℃ 이상으로 굽거나 볶는 요리를 할 때는 후춧가루를 꼭 마지막에 넣어요.

로제참치컵밥

🟠 Morning 🟢 Lunch 🔴 Meal prep

전자레인지

'참치+토마토소스'는 제가 정말 좋아하는 조합 중 하나예요. 고소하지만 자칫 느끼할 수 있는 참치와 이에 대비되는 달콤하고 상큼한 맛의 토마토소스가 마치 패셔니스타처럼 감각적으로 어우러져요. 곤약밥과 달걀을 넣어 든든함을 살리고, 씹는 맛을 느끼도록 양파도 넣어요. 피자치즈와 우유로 맛을 끌어올려 전자레인지로 조리하면 노력한 데 비해 훨씬 맛있는 한 끼가 될 거예요.

Ingredients

- [ ] 곤약밥 100g
- [ ] 참치통조림 100g
- [ ] 양파 1/5개(40g)
- [ ] 토마토 1/2개(100g)
- [ ] 달걀 1개
- [ ] 토마토소스 1큰술
- [ ] 우유 6큰술
- [ ] 허브솔트 약간
- [ ] 피자치즈 25g
- [ ] 파슬리가루 약간

1. 양파, 토마토는 잘게 썰고, 참치는 숟가락으로 눌러 기름을 뺀다.

2. 양파, 토마토, 참치, 곤약밥, 토마토소스, 우유, 허브솔트, 피자치즈 10g을 잘 섞는다.

재료의 가운데 부분에 살짝 홈을 파서 달걀을 얹고, 가열 시 터지지 않도록 노른자를 포크로 찔러요.

3. 내열용기에 섞은 재료를 담아 달걀을 깨 올리고 피자치즈 15g을 뿌린다.

4. 랩을 씌워 전자레인지로 2분+2분+2분간 총 3회에 나누어 가열하고 파슬리가루를 뿌린다.

MEAL PREP TIP

많은 양의 컵밥을 밀프렙 할 때는 전자레인지 사용이 번거로우니 볶음밥처럼 불에 볶는 방법을 추천해요. '모든 재료 1회 분량 x n끼니'로 계산하여 만들되, 우유는 70% 분량으로 줄여요. 이때 팬에 올리브유를 두르고 양파, 토마토를 먼저 볶으면 감칠맛이 확 살아나요. 달걀은 달걀프라이를 만들어 올리거나, 스크램블드에그로 만들어 밥과 함께 볶아도 좋아요. 소분한 볶음밥 위에 피자치즈, 파슬리가루를 뿌려두고, 2~3일 내 먹을 것은 냉장실에, 이후에 먹을 것은 냉동실에 보관해요.

LOW CARBOHYDRATE HIGH PROTEIN DIET RECIPES

◯ PART 2

다이어트할 때도 밥은 못 끊어!
초간단 한 그릇 밥 요리

한국인의 주식, 밥! 그래서 '밥심으로 산다'는 말도 있잖아요?
갓 지어 김이 모락모락, 윤기가 자르르한 밥은 상상만 해도 군침이 돌아요.
그러나 다이어트할 때는 고탄수화물인 밥을 과식하는 건 피해야 해요.
그렇다고 밥을 아예 끊자니 더 허기지는 데다 식욕은 폭발하는 것 같고….
그래서 저와 같이 밥을 사랑하는 밥순이 다이어터를 위해
다양한 다이어트식 밥 요리를 소개해요. 앞으로는 디디미니표 간편 밥 요리로
건강하면서 속 편하고 든든한 감량길을 걸어요. 우리 함께 밥 먹으며 살 빼요!

매운파볶음밥

● Morning ● Lunch ● Meal prep

많다 싶을 정도로 듬뿍 썬 대파에 매콤한 김치를 조금만 넣어서 볶으면 별다른
양념을 추가하지 않아도 맛있는 향이 진동해요. 물론 냄새뿐만 아니라 맛도 있겠죠?
단백질도 빼놓을 수 없으니까 어육 함량이 높은 천오란다어묵을 넣어 쫄깃한 식감을
살리고, 치즈로 고소함도 더해요. 매콤하고 고소한 맛 조합에 영양까지 완벽한
중독적인 감칠맛을 느껴봐요.

Ingredients

- ☐ 곤약밥 1팩(150g)
- ☐ 대파 35cm(75g)
- ☐ 배추김치 40g
- ☐ 어묵 130g
- ☐ 청양고춧가루 1/3큰술
- ☐ 슬라이스치즈 1장
- ☐ 스리라차소스 1/2큰술
- ☐ 통깨 1/3큰술
- ☐ 올리브유 1/2큰술

어묵은 가급적 어육 함량이 높은 제품을 골라 단백질 섭취를 늘려요.

1. 대파는 얇게 송송 썰고, 김치는 잘게 다지고, 어묵은 작은 한입 크기로 썬다.

2. 달군 팬에 올리브유를 두르고 대파를 충분히 볶아 향을 내다가 김치, 어묵을 넣고 볶는다.

3. 곤약밥을 넣고 볶다가 고춧가루를 넣고 잘 섞어가며 볶는다.

송송 썬 대파를 조금 남겼다가 치즈 위에 토핑해도 좋아요.

4. 그릇에 볶음밥을 담고 치즈를 올린 다음, 스리라차소스, 통깨를 뿌린다.

MEAL PREP TIP

볶음밥은 3~5회 분량 이상을 만들어 밀프렙하는 것을 추천해요. '모든 재료 1회 분량 x n끼니'로 계산하여 만들되, 김치는 70%, 올리브유는 50% 분량만 사용해도 충분해요. 처음부터 크고 깊은 냄비에 볶아 소분하고, 2~3일 내 먹을 것은 냉장실에, 이후에 먹을 것은 냉동실 보관해요.

MINI'S KICK

어묵은 밀가루 함량이 꽤 높아서 되도록 어육 함량이 높은 제품을 구입해요. '삼진어묵 천오란다'는 어육 함량이 90% 이상 함유된 제품이라 자주 이용해요.

두부와플플레이트

● Morning ● Lunch ● Dinner

원팬

▶ 오이초무침 활용(244쪽)

두부면은 일반 두부보다 수분감이 적고 꼬들꼬들한 식감이 매력적인 식재료예요.
그래서 재밌는 아이디어를 더해봤죠. 두부면에 달걀물을 묻히고 와플팬과
파니니그릴에 눌러서 구웠더니 그냥 먹어도 맛있고 밥반찬으로도 완벽한
고단백두부와플 완성! 밥이랑 아삭하고 새콤한 오이초무침과도 찰떡궁합이라서
자꾸 생각나는 상차림이 될 거예요.

Ingredients

- [ ] 현미밥 100g
- [ ] 두부면 1팩(100g)
- [ ] 달걀 1개
- [ ] 오이초무침 120g(244쪽 참고)
- [ ] 홀그레인머스터드 1/2큰술
- [ ] 스리라차소스 1/2큰술
- [ ] 검은깨 1/3큰술
- [ ] 올리브유 1/2큰술

1. 두부면은 헹궈 물기를 빼고, 달걀과 잘 섞어 두부와플반죽을 만든다.

와플팬이 없다면 프라이팬에 반죽을 올리고 뒤집개로 꾹꾹 눌러가며 양면을 노릇하게 구워요.

2. 와플팬에 올리브유를 바르고 중약불에서 반죽을 절반만 올려 두부와플 2장을 굽는다.

현미밥을 아이스크림 스쿱으로 담아내면 레스토랑처럼 플레이팅 할 수 있어요.

3. 그릇에 두부와플, 현미밥, 오이초무침, 머스터드를 담고, 와플에는 스리라차소스를, 오이초무침, 현미밥엔 검은깨를 뿌린다.

잡채맛버섯덮밥

● Morning   ● Lunch   ● Meal prep

잡채는 언제 먹어도 맛있지만, 잡채의 주재료인 당면은 고구마전분 100%로 만들어진 고탄수화물 식품이에요. 그래서 다이어트 중에는 피해야 하는 재료 중 하나죠. 하지만 당면을 팽이버섯으로 대체하면 풍부한 단백질에 고식이섬유까지 함유한 살 빠지는 잡채를 만들 수 있답니다. 밥과 함께 반숙 달걀프라이까지 곁들이면 중국집 잡채밥이 부럽지 않아요!

Ingredients

- ☐ 잡곡밥 100g
- ☐ 팽이버섯 1봉(130g)
- ☐ 시금치 1/2줌(30g)
- ☐ 양파 1/5개(30g)
- ☐ 당근 1/6개(30g)
- ☐ 돼지고기 90g(잡채용)
- ☐ 달걀 1개
- ☐ 다진 마늘 1/2큰술
- ☐ 간장 1큰술
- ☐ 알룰로스 1큰술(혹은 올리고당)
- ☐ 생들기름 1큰술
- ☐ 후춧가루 약간
- ☐ 통깨 약간
- ☐ 올리브유 1/2큰술+1/3큰술

돼지고기 덩어리는 가늘게 채 썰어 사용해요.

1. 팽이버섯, 시금치는 밑동을 제거해 먹기 좋게 뜯고, 양파, 당근은 채 썰고, 돼지고기는 잡채용으로 준비한다.

2. 달군 팬에 올리브유 1/3큰술을 두르고 달걀프라이를 만들어 덜어둔다.

3. 달군 팬에 올리브유 1/2큰술을 두르고 돼지고기, 양파를 볶다가 양파가 반투명해지면 당근, 버섯, 다진 마늘, 간장, 알룰로스를 넣고 강불에서 볶는다.

4. 돼지고기가 익으면 시금치를 넣고 재빨리 볶다가 들기름, 후춧가루를 뿌려 잘 섞는다.

5. 그릇에 잡곡밥, 버섯잡채, 달걀프라이를 올리고 통깨를 뿌린다.

MEAL PREP TIP

대형마트에서 파는 잡채용 돼지고기는 보통 400~600g 분량으로 포장되어 있어서 고기가 애매하게 남는 경우가 있죠? 이때는 밀프렙을 추천해요. 이 메뉴는 밀프렙을 해도 맛있는 데다, 주재료인 팽이버섯은 얼렸다 해동하면 체지방의 분해를 돕는 키토산을 풍부하게 섭취할 수 있거든요. '모든 재료 1회 분량 x n끼니'로 계산하여 만들되, 올리브유는 50% 분량만 써도 충분해요. 소분해서 냉동 보관하고 그때그때 해동해 먹어요.

제육볶음맛크림리소토

🟠 Morning 🟢 Lunch 🟣 Meal prep

돼지고기 뒷다릿살은 지방이 적고 단백질 함량이 높아 다이어트할 때 부담 없이 먹기
좋은 부위예요. 물론 다른 부위에 비해 조금 뻑뻑한 감이 있지만, 한입 크기로 잘게
썰어서 크리미한 리소토로 만들면 얼마나 부드럽고 맛있는지 몰라요.
한국인의 필수 양념들로 씹을수록 제육볶음 맛이 나는 리소토로
속 편하고 맛있는 한 끼를 만들어봐요.

Ingredients

- 오트밀 5큰술(30g)
- 돼지고기 130g(뒷다리살)
- 양파 1/4개(65g)
- 배추김치 40g
- 우유 2/3컵
- 물 1/2컵
- 다진 마늘 1/2큰술
- 피자치즈 10g
- 청양고춧가루 1/3큰술
- 후춧가루 약간
- 올리브유 1/2큰술

1. 양파, 김치는 굵게 다지고, 돼지고기는 작은 한입 크기로 썬다.

2. 달군 팬에 올리브유를 두르고 양파, 다진 마늘, 김치, 고기를 넣어 볶는다.

저녁으로 먹을 때 오트밀 양을 조금 줄이고, 콜리플라워라이스를 넣어 탄수화물 섭취를 줄여요.

3. 양파가 반투명하게 익으면 오트밀, 우유, 물을 넣고 저어가며 졸인다.

대파를 송송 썰어 올려 플레이팅 하거나 기호에 따라 청양고춧가루, 후춧가루를 더 추가해도 좋아요.

4. 불을 끄고 피자치즈, 고춧가루, 후춧가루를 넣고 잘 섞는다.

MEAL PREP TIP

리소토는 볶음밥과 함께 밀프렙 대표 추천 메뉴 중 하나예요.
'모든 재료 1회 분량 x n끼니'로 계산하여 만들되, 우유와 올리브유의 양은 20~30% 정도 줄여도 좋아요.
한 끼 분량씩 소분해서 2~3일 내 먹을 것은 냉장실에, 이후에 먹을 것은 냉동실에 보관해요.

게맛살낫토포케

● Morning ● Lunch

알록달록한 플레이팅 덕분에 눈이 먼저 즐겁고, 새콤달콤 다양한 맛과 식감 덕분에
모두의 입맛을 저격할 게맛살낫토포케를 소개해요. 포케는 참치, 연어 등의 생선회를
깍둑썰기해서 각종 채소를 곁들인 하와이식 회덮밥인데요, 회 대신 게맛살을
활용하면 집에서도 포케를 간편하게 즐길 수 있어요. 건강한 식이섬유가 가득한 포케,
먹어보면 누구나 반할 거예요.

Ingredients

- ☐ 현미밥 120g
- ☐ 게맛살 1개
- ☐ 양파 1/5개(25g)
- ☐ 파인애플 50g
- ☐ 미역줄기초무침 100g
- ☐ 낫토 1팩
- ☐ 할라페뇨 6개(12g)
- ☐ 날치알 1큰술
- ☐ 햄프시드 1/3큰술

● **미역줄기초무침**
- ☐ 미역줄기 210g
- ☐ 다진 마늘 1큰술
- ☐ 현미식초 4큰술
- ☐ 알룰로스 2큰술
  (혹은 올리고당 1½큰술)
- ☐ 소금 약간
- ☐ 통깨 1/2큰술

● **고추냉이마요소스**
- ☐ 식물성마요네즈 1큰술
  (혹은 하프마요네즈)
- ☐ 고추냉이 1/3큰술

포케에는 100g만 사용하니 남은 분량은 반찬으로 먹어요.

1. 미역줄기초무침 재료의 미역줄기는 물에 여러 번 헹궈 소금기를 뺀 다음, 가위로 먹기 좋게 잘라 나머지 초무침양념에 무친다.

2. 양파는 채 썰고, 파인애플은 한입 크기로 썰고, 게맛살은 결대로 찢고, 고추냉이마요소스 재료는 잘 섞는다.

3. 낫토는 잘 휘저어 섞고, 현미밥은 그릇에 담는다.

4. 현미밥 위에 미역줄기초무침 100g, 날치알, 파인애플, 할라페뇨, 양파를 둘러 담고 가운데에 낫토, 게맛살을 올린다.

고추냉이마요소스와 함께 골고루 비벼 먹어요.

5. 햄프시드를 뿌리고 고추냉이마요소스를 곁들인다.

라이스페이퍼볶음밥

🟠 Morning 🔵 Dinner 🩷 Meal prep

쫄깃한 식감을 좋아한다면 이 레시피에 주목하세요! 우선 곡물 분말을 넣어 만든 식물성대체육과 채소를 듬뿍 넣어 채소볶음을 만들어요. 그리고 마지막에 이 요리의 하이라이트인 조각조각 자른 현미라이스페이퍼를 넣어 조리하면 밥이 안 들어간 쫄깃한 볶음밥이 된답니다. 식물성단백질이 듬뿍 들어가고 탄수화물을 확 줄인 데다 은은한 카레 향이 매력적인 색다른 볶음밥, 꼭 만들어보세요!

Ingredients

- ☐ 현미라이스페이퍼 2장
- ☐ 콩고기 100g(혹은 식물성대체육)
- ☐ 양배추 110g
- ☐ 양파 1/4개(80g)
- ☐ 배추김치 40g
- ☐ 청양고추 1개
- ☐ 카레가루 1/2큰술
- ☐ 통깨 1/4큰술
- ☐ 올리브유 1/2큰술

1. 양배추, 콩고기는 한입 크기로 썰고, 양파, 김치는 굵게 다지고, 고추는 얇게 송송 썬다

2. 달군 팬에 올리브유를 두르고 양파, 고추를 볶다가 양배추, 콩고기, 김치를 넣고 볶는다.

3. 라이스페이퍼를 손이나 가위로 먹기 좋게 잘라 넣고, 카레가루를 뿌려 볶는다.

> 라이스페이퍼의 숨이 죽을 때까지 볶아요.

4. 그릇에 담아 통깨를 뿌린다.

MEAL PREP TIP

식물성대체육은 대부분 냉동 제품이라 해동 후 사용해요. 단, 해동 후엔 다시 냉동하지 말고 며칠 내에 먹어야 해요. 그래서 한꺼번에 만들어 밀프렙하길 추천해요. 볶음밥을 만들 듯 크고 깊은 냄비에 '모든 재료 1회 분량 x n끼니'로 계산하여 만들되, 올리브유는 50% 분량만 써도 충분해요. 소분해서 냉장실에 보관하고 2~3일 내로 다 먹어요.

샐러드비빔밥

● Morning ● Dinner

다이어트할 때 채소를 충분히 섭취해야 하는 건 누구나 아는 사실이지만,
생채소를 씻고 손질해서 보관하는 건 여간 귀찮은 일이 아니에요. 그래서 저는
다양한 채소를 한입 크기로 썰어서 파는 채소믹스를 애용해요. 흐르는 물에 채소믹스를
씻어서 잡곡밥, 낫토에 김치를 약간 곁들여 비벼 먹으면 입안 가득 신선함이 가득해서
절대 질리지 않는 비빔밥이 된답니다.

Ingredients

- [ ] 잡곡밥 80g
- [ ] 채소믹스 100g
- [ ] 낫토 1팩
- [ ] 두부 1/3모(100g)
- [ ] 배추김치 50g
- [ ] 달걀 1개
- [ ] 낫토 팩 간장 1개
- [ ] 생들기름 1큰술
- [ ] 올리브유 1/3큰술

1. 채소믹스는 흐르는 물에 씻어 물기를 털고, 낫토는 잘 휘저어 섞고, 두부는 물에 헹궈 한입 크기로 썬다.

김치도 작게 한입 크기로 잘라 준비해요.

2. 달군 팬에 올리브유를 두르고 달걀프라이를 만든다.

3. 그릇에 잡곡밥, 두부, 채소믹스, 낫토, 달걀프라이를 순서대로 담고 낫토간장, 생들기름을 뿌려 김치를 곁들인다.

아보카도게맛살리소토

Morning　Lunch　Meal prep

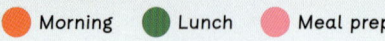

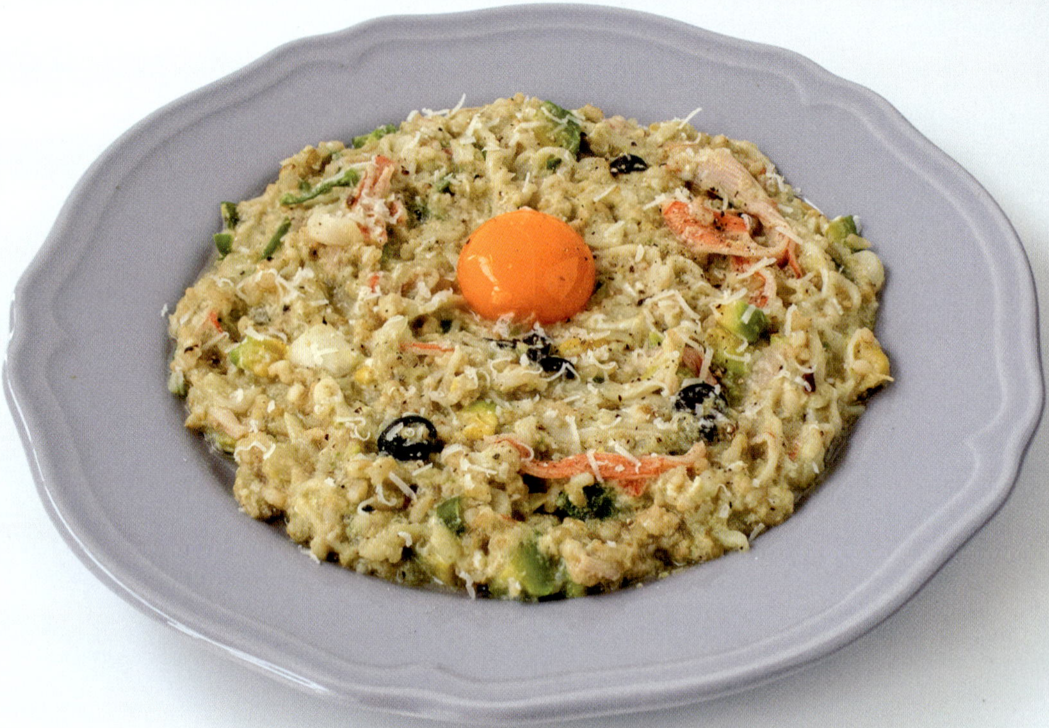

부드럽고 고소한 맛 때문에 '숲속의 버터'라고 불리는 아보카도는 다양한 요리에 활용할 수 있어요. 특히 리소토에 넣으면 생크림을 넣은 고급 레스토랑 요리 못지않게 보드랍고 크리미한 맛을 내죠. 결대로 부드럽게 씹히는 게맛살과 고소한 달걀로 단백질을 더해서 나에게 잘 차려진 한 끼 식사를 대접해보세요.

Ingredients

- ☐ 곤약밥 1팩(150g)
- ☐ 아보카도 1/2개
- ☐ 달걀 1개
- ☐ 게맛살 2개
- ☐ 양파 1/4개(40g)
- ☐ 청양고추 1개
- ☐ 블랙올리브 2개
- ☐ 귀리우유 1컵
  (혹은 우유, 무가당두유)
- ☐ 허브솔트 약간
- ☐ 후춧가루 약간
- ☐ 그라나파다노치즈 약간
  (혹은 파르메산치즈가루)
- ☐ 올리브유 1/2큰술

1. 양파, 고추는 먹기 좋게 다지고, 아보카도는 껍질을 벗겨 작은 한입 크기로 썰고, 올리브는 동그란 모양을 살려 썬다.

2. 달걀은 노른자, 흰자를 분리하고, 게맛살은 결대로 찢는다.

국물이 살짝 졸아들 때까지 끓여요.

3. 달군 팬에 올리브유를 두르고 양파, 고추를 볶다가 곤약밥, 게맛살, 아보카도, 올리브, 달걀흰자, 귀리우유를 넣고 저어가며 끓인다.

4. 허브솔트, 후춧가루를 뿌리고 잘 섞어 불을 끈다.

MEAL PREP TIP

리소토는 볶음밥과 함께 밀프렙 대표 추천 메뉴 중 하나예요. '모든 재료 1회 분량 x n끼니'로 계산하여 만들되, 우유와 올리브유의 양은 20~30% 정도 줄여도 좋아요. 한 끼 분량씩 소분해서 2~3일 내 먹을 것은 냉장실에, 이후에 먹을 것은 냉동실에 보관해요.

치즈가루를 써도 되지만 고형치즈를 바로 갈아서 올리면 풍미가 훨씬 좋아요.

5. 그릇에 담고 치즈를 갈아서 뿌린 다음, 가운데 노른자를 올린다.

라이스페이퍼오믈렛

● Morning　● Dinner

부드러운 달걀 요리 오믈렛, 더 맛있고 더 쉽게 만드는 재미난 아이디어를
가져왔답니다! 쉽게 모양내기 어려웠던 오믈렛에 현미라이스페이퍼를 더하면
오믈렛을 접을 때 찢어지거나 실패할 일도 없고, 더 쫄깃하고 맛있게 만들 수 있거든요.
채소와 버섯으로 오믈렛 속을 가볍게 채워서 식감도 맛의 조화도 훌륭해요.
이제 오믈렛도 디디미니 레시피로 쉽고 맛있게 만들어요!

Ingredients

- ☐ 현미라이스페이퍼 3장
- ☐ 팽이버섯 100g
- ☐ 청양고추 1개
- ☐ 달걀 2개
- ☐ 냉동채소믹스 100g
- ☐ 유기농옥수수통조림 1큰술
- ☐ 토마토소스 1큰술
- ☐ 피자치즈 20g
- ☐ 유기농케첩 1큰술(혹은 노슈거케첩)
- ☐ 파슬리가루 약간
- ☐ 올리브유 1/3+1/2큰술

1. 팽이버섯은 밑동을 제거해 4등분하고, 고추는 얇게 송송 썰고, 달걀은 잘 푼다.

2. 달군 팬에 올리브유 1/3큰술을 두르고 버섯, 냉동채소믹스, 고추, 옥수수를 볶다가 토마토소스를 넣고 볶아 덜어둔다.

3. 라이스페이퍼는 따뜻한 물에 잠시 담갔다 꺼내 펼쳐둔다.

4. 달군 팬에 올리브유 1/2큰술을 두르고 약불에서 라이스페이퍼 3장을 팬에 꽉 차도록 일부 겹쳐 올리고 달걀물을 붓는다.

MINI'S KICK

매번 구입한 채소를 소진하지 못하거나 손질이 귀찮을 땐 냉동채소믹스가 유용해요. 옥수수나 콩이 들어간 냉동채소는 유기농 제품을 선택해서 유전자 변형 식품을 피해요.

5. 달걀이 절반 정도 익으면 볶은 채소를 달걀 가운데 부분에 올리고 피자치즈를 뿌린 다음, 치즈가 살짝 녹으면 오믈렛의 사방을 접는다.

6. 오믈렛의 모양을 잡아 달걀의 접은 부분이 접시 바닥에 닿게 담고, 케첩, 파슬리가루를 뿌린다.

돌나물비빔밥

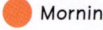 Morning   Lunch

추운 겨울이 지나고 따뜻한 봄바람이 불기 시작하면 돌나물비빔밥이 생각나요.
씁쓸하면서도 부드러운 맛을 함께 지닌 매력적인 돌나물은 다이어터에게 꼭 필요한
고단백질, 고칼슘, 비타민 C 등을 함유한 제철 봄나물이거든요. 그냥 비빔밥이
아니라 단짠단짠한 맛의 미니표 된장소스와의 조합이 끝내주는 비빔밥이니까
저렴하고 맛있는 돌나물로 자주 만들어 먹어요.

Ingredients

- 잡곡밥 120g
- 돌나물 2줌(50g)
- 낫토 1팩
- 달걀 1개
- 햄프시드 1/3큰술
- 올리브유 1/3큰술

● **단짠된장소스**
- 다진 마늘 1/4큰술
- 된장 1/3큰술
- 생들기름 1큰술
- 대추야자시럽 1/2큰술
 (혹은 꿀, 매실청)

1. 돌나물은 씻어 체에 밭쳐 물기를 빼고, 낫토는 휘저어 잘 섞는다.

2. 달군 팬에 올리브유를 두르고 달걀프라이를 만든다.

3. 단짠된장소스 재료는 잘 섞는다.

4. 그릇에 잡곡밥을 담고 돌나물, 낫토, 달걀프라이, 햄프시드를 올린 다음, 된장소스를 곁들인다.

떠먹는감태주먹밥

● Morning　● Lunch

미역과 해조류의 하나인 감태는 비타민, 칼륨, 철분 등이 풍부한데, 최근 다양한 효능이 알려지면서 인기 있는 식재료가 되었어요. 몸에 좋은 감태와 참치통조림, 대구알스프레드로 바다의 고급스러운 맛과 건강을 챙긴 주먹밥을 만들어요. 한입 크기로 빚어서 만드는 주먹밥은 은근히 공이 많이 들지만, 떠먹는 주먹밥은 바쁜 아침에도 뚝딱 만들 수 있으니 훨씬 간편해요.

Ingredients

- ☐ 잡곡밥 120g
- ☐ 구운감태 1장 (혹은 김밥김)
- ☐ 참치통조림 1개(100g)
- ☐ 양파 1/5개(28g)
- ☐ 무가당요거트 2큰술(38g)
- ☐ 대구알스프레드 1/2큰술+약간
  (혹은 명란젓)
- ☐ 생들기름 1큰술
- ☐ 통깨 1/2큰술

1. 참치는 숟가락으로 눌러 기름을 빼고, 양파는 얇게 채 썰고, 감태는 잘게 찢는다.

2. 참치, 양파, 요거트, 대구알스프레드 1/2큰술을 잘 섞어 주먹밥소를 만든다.

3. 잡곡밥에 생들기름, 통깨를 넣고 잘 비빈다.

4. 그릇에 밥을 절반만 담고 가운데 부분에 살짝 홈을 파서 주먹밥소를 올린 다음, 나머지 밥으로 둥글게 잘 덮는다.

5. 밥 위에 감태를 촘촘하게 뿌려 덮고, 대구알스프레드 약간을 가운데에 올린다.

MINI'S KICK

우리에게 조금 생소할 수 있는 대구알스프레드는 스웨덴의 국민 식품이에요. 훈제절임 대구알을 페이스트 형태로 가공한 제품으로 명란젓이나, 튜브형 명란과 흡사하지만, 훈제 향과 감칠맛이 더 좋아요. 유럽에서는 빵이나 달걀, 아보카도 등에 곁들여 먹기도 하죠. 한꺼번에 많이 먹으면 짤 수 있으니 비빔밥에 소량만 넣어 비벼 먹거나 파스타, 리소토 등에 곁들여 활용해요. 음식에 감칠맛을 더하는 미니의 비법 식재료랍니다.

불고기맛템페리소토

● Morning　● Lunch　● Dinner

콩을 발효해서 만든 식재료 중 한국에는 된장, 일본에는 낫토가 있다면
인도네시아에는 템페가 있어요. 템페는 100g당 단백질 함량이 약 19g이나 되는
식물성 고단백 식품으로, 된장이나 낫토처럼 향이 강하지 않아 다양한 요리에 쓰기 좋아요.
저는 불고기소스를 바르고 구워서 불고기 향이 일품인 템페 요리를 만들었답니다.
템페를 살 때는 유전자 변형이 없는 국내산콩이나 유기농콩으로 만든 템페를 골라요.

Ingredients

- 오트밀 4큰술(25g)
- 템페 100g
- 양파 1/2개(85g)
- 달걀 1개
- 시판 불고기소스 1½큰술
- 간장 1/2큰술
- 생들기름 1큰술
- 물 1컵
- 파슬리가루 약간
- 올리브유 1/2큰술

1. 양파는 한입 크기로 썰고, 템페는 얇게 썬다.

2. 템페는 불고기소스를 바르고 달군 팬에 올려 중약불에서 노릇하게 굽는다.

3. 달군 팬에 올리브유를 두르고 양파를 넣어 갈색 빛이 날 때까지 충분히 볶는다.

4. 물, 오트밀, 달걀을 넣고 오트밀이 불어 걸쭉해질 때까지 저어가며 끓인 다음, 불을 끄고 간장, 생들기름을 넣고 잘 섞는다.

5. 그릇에 리소토를 담고 불고기맛템페를 가지런히 올려 파슬리가루를 뿌린다.

MINI'S KICK

다양한 시판 제품을 살 때는 재료나 성분을 꼼꼼히 따져 가급적 건강한 제품을 선택해요. '사랑담은 불고기랑 갈비랑'은 국산 재료를 사용한 무보존료 양념이라 요리에 불고기 맛을 낼 때 유용해요.

두부마요샐러드밥

● Morning ● Lunch ● Dinner

▶ 두부마요네즈 활용(238쪽)

닭가슴살샐러드는 다이어터에게 이름만 들어도 물리는 음식이죠? 하지만 같은 샐러드라도 훨씬 맛있게 먹는 방법이 있어요. 알알이 톡톡 터지는 식감의 유기농옥수수와 잡곡밥, 직접 만들어서 더 고소하고 가벼운 두부마요네즈를 넣어요. 여기에 간장, 식초, 김을 넣고 쓱쓱 비벼 먹으면 지겨웠던 닭가슴살샐러드가 매일 생각나는 샐러드밥으로 재탄생할 거예요.

Ingredients

- 잡곡밥 100g
- 완조리닭가슴살 100g
- 채소믹스 1½줌(100g)
- 양파 1/5개(25g)
- 김 1/2장
- 유기농옥수수통조림 1큰술
- 두부마요네즈 2큰술(238쪽 참고)
- 간장 1/2큰술
- 사과식초 1/2큰술

1. 채소믹스는 씻어 체에 밭쳐 물기를 빼고, 양파는 얇게 채 썬다.

2. 닭가슴살은 데워서 먹기 좋게 손으로 찢고, 김은 가위로 가늘게 자른다.

3. 그릇에 잡곡밥을 담고 채소믹스, 옥수수, 양파, 닭가슴살, 김을 올린다.

4. 두부마요네즈, 간장, 식초를 곁들인다.

두부마요네즈, 간장, 식초는 기호에 따라 조금씩 넣어가며 비벼 먹어요.

LOW CARBOHYDRATE HIGH PROTEIN DIET RECIPES

PART 3

다이어트할 때도 빵은 못 끊어!
든든한 식사빵 & 샌드위치

다이어트할 때 빵은 금물일까요? 빵은 밀가루라서 노답일까요?
맞는 말이기도 하지만 틀린 말이기도 해요. 다이어터는 밀가루빵이 아닌
통밀이나 통곡물빵을 선택하면 되니까요. 여기에 탄·단·지
그리고 식이섬유까지 함유한 몸에 좋은 재료를 곁들이면
그 어떤 식사보다 영양이 풍부하고 건강한 식단을 꾸릴 수 있어요.
밥 생각이 나지 않을 만큼 포만감이 좋고 풍부한 맛의 샌드위치와 토스트,
눈과 입이 호강하는 푸짐한 브런치, 맛과 영양을 한데 모아 꽉꽉 채운
빵빵한 빵 레시피로 마음도 빵빵해져요.

애플브리오픈샌드위치

● Morning

사과와 브리치즈의 조합은 단짠단짠한 맛의 최고 조합이 아닐까 싶어요.
고소한 통밀식빵에 사과, 브리치즈, 햄을 얹고, 서니사이드업(반숙)으로 익힌
달걀프라이를 올려 노른자를 톡 터뜨리면! 맛도 모양도 카페 브런치가 부럽지 않은
오픈샌드위치가 완성돼요. 향 좋은 루콜라와 모든 재료를 어우러지게 돕는
홀그레인머스터드는 맛의 완성도를 높이는 데 한몫하니 꼭 넣어주세요.

Ingredients

- ☐ 통밀식빵 1장
- ☐ 사과 1/4개
- ☐ 브리치즈 1/4개(30g)
- ☐ 달걀 1개
- ☐ 슬라이스햄 2장
- ☐ 루콜라 1줌(15g)
- ☐ 홀그레인머스터드 1/2큰술
- ☐ 알룰로스 1큰술(혹은 올리고당)
- ☐ 올리브유 1/2큰술

> 사과는 껍질째 모양 살려 썰어요.

1. 사과, 브리치즈는 얇게 썰고, 머스터드, 알룰로스를 섞어 소스를 만든다.

2. 달군 팬에 올리브유를 둘러 달걀프라이를 만들고, 같은 팬에 햄, 식빵을 앞뒤로 굽는다.

> 팬과 재료의 열기에 의해 치즈가 녹아 더 맛있어요.

3. 식빵에 소스를 바른 다음, 햄, 브리치즈를 올린다.

4. 그릇에 식빵을 담고 달걀프라이, 사과, 루콜라를 올린다.

MINI'S KICK

100% 통밀·호밀·유기농밀 식빵은 한두 조각씩 소분해서 밀봉해 냉동하면 오래 두고 먹을 수 있어요. 되도록이면 한 끼에 한 장만 먹되 저녁엔 먹지 않도록 하고, 하루에 2장 이상은 피하세요.

저탄수콘치즈빵

🟠 Morning　🟢 Lunch　🟡 Snack　🟣 Meal prep

옥수수가 톡톡! 치즈가 쭉! 생각만 해도 맛있는 치즈빵을 다이어트하면서도 충분히 먹을 수 있어요. 적당량의 유기농옥수수와 100% 자연치즈, 그리고 다이어트의 앙숙인 밀가루 대신 아몬드가루와 달걀을 사용해서 보드랍고 폭신한 저탄수화물빵을 만들었거든요. 모든 재료를 섞기만 하면 반죽이 완성되는 데다, 반죽을 한꺼번에 만들어둘 수 있어 바쁠 때도 끼니를 간편하게 챙기기 좋아요.

Ingredients / 2~3회 분량

- ☐ 유기농옥수수통조림 2½큰술
- ☐ 양파 1/5개(30g)
- ☐ 피망 1/5개(20g)
- ☐ 달걀 2개
- ☐ 피자치즈 20g
- ☐ 아몬드가루 4큰술
- ☐ 식물성마요네즈 2큰술
  (혹은 하프마요네즈)
- ☐ 알룰로스 1큰술(혹은 올리고당)
- ☐ 소금 약간
- ☐ 올리브유 1/2큰술

1. 양파, 피망은 굵게 다지고, 달걀은 잘 푼다.

옥수수, 콩류는 유전자 변형 식품을 피해 유기농 제품을 사용해요.

2. 달걀물에 옥수수 2큰술, 양파, 피망, 아몬드가루, 마요네즈, 알룰로스, 소금을 넣고 잘 섞다가 마지막에 피자치즈 15g을 섞는다.

3. 실리콘틀에 올리브유를 바르고 반죽을 담아 에어프라이어 170℃에서 15분간 굽는다.

4. 틀을 뒤집어 빵을 빼낸 다음, 옥수수 1/2큰술, 피자치즈 5g을 올리고 에어프라이어 170℃에서 5분간 굽는다.

MEAL PREP TIP

식사로 먹을 땐 1~2회, 간식으로 먹을 땐 3회 이상 먹을 수 있는 넉넉한 양이에요. 재료를의 양을 더 늘려서 반죽을 한꺼번에 만들어 구워두면 바쁠 때 식사 대용으로 먹을 수 있어 편리해요. 2~3일 내 먹을 것은 냉장실에, 이후에 먹을 것은 냉동 보관 후 데워 먹어요.

새우달걀토스트

🟠 Morning 🟢 Lunch 🟡 Snack

탱글탱글한 새우와 부드러운 달걀지단. 이 두 가지 재료는 따로 먹어도 맛있지만,
같이 먹으면 맛과 영양까지 확실히 챙길 수 있어요. 어딘가 모르게 동남아 음식 같으면서도
고단백으로 똘똘 뭉친 건강한 조합, 씹을 때마다 느껴지는 재밌는 식감은
완벽한 궁합을 자랑한답니다. 유기농옥수수와 무설탕딸기잼은 적은 양으로도
단짠단짠의 매력을 살려주는 필수 재료이니 꼭 넣어주세요!

Ingredients / 2회 분량

- 통밀식빵 2장
- 달걀 3개
- 새우 4마리
- 청상추 6장
- 유기농옥수수통조림 1큰술
- 슬라이스치즈 1장
- 딸기잼 1/2큰술
- 올리브유 1/2큰술

1. 달걀은 잘 풀고, 냉동새우는 물에 헹궈 따뜻한 물에 담가 해동하고, 상추는 씻어 체에 밭쳐 물기를 뺀다.

2. 달군 팬에 올리브유를 두르고 약불에서 달걀물을 절반만 부어 새우, 옥수수를 올린 다음, 달걀을 식빵 크기로 다듬어가며 양면을 익혀 덜어둔다.

3. 같은 팬에 남은 달걀물을 붓고 약불에서 식빵 크기로 다듬어가며 익히다가 덜어둔 달걀을 겹쳐 올려 두툼한 새우달걀을 만든다.

4. 마른 팬에 식빵을 앞뒤로 노릇하게 굽는다.

MINI'S KICK

색이 비슷해서 종이포일과 유산지를 같다고 생각하는 분들이 많죠? 하지만 종이포일과 유산지는 쓰임이 달라요. 종이포일은 식품지에 실리콘코팅을 해서 오븐 요리나 불판에 굽는 요리를 할 때 쓰이는 반면, 테이프가 달라붙지 않아 음식을 포장하기 어려워요. 샌드위치나 토르티야롤을 포장할 때는 매끄러운 포장용 종이인 유산지(크라프트 식품지)를 사용해요.

31쪽 포장법을 참고해요.

5. 유산지를 깔고 식빵 1장의 한쪽 면에 딸기잼을 바르고, 치즈-새우달걀-상추-식빵순으로 올려 포장한다.

6. 6:4 비율로 2등분해 식사와 간식으로 나눠 먹는다.

그릭게맛살샌드위치 #그릭크래미샌드위치

🟠 Morning 🟢 Lunch 🟡 Snack

▶ 그릭요거트 활용(230쪽)

그릭요거트와 게맛살의 조합이라니, 상상이 잘 안 가죠? 하지만! 일단 도전해보세요.
그릭요거트에서 크림치즈 맛이 나는 마법 같은 일이 벌어진답니다. 저도 처음
만들고 나서 "유레카!"를 외친 메뉴인 데다, 이미 SNS에서 '그릭크래미샌드위치'로
많은 분의 사랑을 받은 요리예요. 오이와 양상추를 듬뿍 넣어
싱그러운 맛까지 더해진 대박 메뉴, 꼭 맛보시길 바라요!

Ingredients / **2회 분량**

- ☐ 통밀식빵 1장
- ☐ 게맛살 4개
- ☐ 그릭요거트 4큰술(80g/230쪽 참고)
- ☐ 달걀 2개
- ☐ 양상추 4장
- ☐ 오이 1/3개(55g)
- ☐ 양파 1/5개(30g)
- ☐ 유기농발사믹크림 1큰술

1. 달걀은 식초, 소금을 넣은 물에 넣어 10분 이상 완숙으로 삶고, 찬물에 담갔다가 껍질을 벗겨 에그슬라이서로 자른다.

2. 양상추는 씻어 체에 밭쳐 물기를 빼고, 오이, 양파는 채칼로 얇게 썬다.

3. 게맛살은 비닐째 비벼가며 결대로 찢고, 그릭요거트를 넣고 잘 섞어 그릭게맛살을 만든다.

4. 마른 팬에 식빵을 앞뒤로 노릇하게 굽는다.

5. 유산지를 깔고 식빵을 올려 그릭게맛살을 펴 바른 다음, 발사믹크림을 뿌리고 오이-달걀-양파-양상추순으로 올려 포장한다.

6. 6:4 비율로 2등분해 식사와 간식으로 나눠 먹는다.

참치콘라페샌드위치

🟠 Morning　🟢 Lunch　🔵 Dinner　🟡 Snack

▶ 당근라페 활용(246쪽)

부드러운 참치샐러드는 모두가 좋아하죠? 우리는 다이어터니까 더 가벼운
식물성마요네즈와 알싸한 홀그레인머스터드로 맛을 내서 샐러드를 만들어요.
여기에 미리 만들어둔 새콤하고 아삭한 당근라페를 곁들이니, 어쩜!
맛의 조화가 기막힌 3분 완성 샌드위치 탄생! 식빵 1장에 상추로 한 면을 덮어 만든
배부르고 살 빠지는 샌드위치를 이제 한 끼에 하나 다 맛있게 먹어요.

Ingredients

- ☐ 통밀식빵 1장
- ☐ 참치통조림 1개(100g)
- ☐ 유기농옥수수통조림 1큰술
- ☐ 청상추 7장
- ☐ 양파 1/5개(30g)
- ☐ 당근라페 90g(246쪽 참고)
- ☐ 슬라이스치즈 1장
- ☐ 식물성마요네즈 1큰술
   (또는 하프마요네즈)
- ☐ 홀그레인머스터드 1/2큰술
- ☐ 후춧가루 약간

1. 참치는 체에 밭쳐 뜨거운 물을 부어 기름을 뺀다.

2. 상추는 씻어 물기를 빼고, 양파는 가늘게 채 썬다.

3. 참치, 양파, 옥수수, 마요네즈, 머스터드, 후춧가루를 잘 섞어 참치샐러드를 만든다.

4. 마른 팬에 식빵을 앞뒤로 노릇하게 굽는다.

31쪽 포장법을 참고해요.

5. 유산지를 깔고 식빵-치즈-참치샐러드-당근라페-상추순으로 올려 포장한다.

6. 2등분해 한 끼에 다 먹는다.

코울슬로토르티야롤

🟠 Morning 🟢 Lunch 🟡 Snack

▶ 요거트코울슬로 활용(242쪽)

그냥 먹어도 아삭아삭 맛있는 요거트코울슬로를 토르티야 속에 넣어 롤을 만들면
더욱 맛있어요. 요거트코울슬로가 준비되어 있으니 채소 손질할 시간이 확 줄어
손이 많이 가지 않는 데다, 달걀지단이 통밀토르티야를 안정적으로 받쳐줘요.
그래서 누구나 실패 없이 전문점을 능가하는 모양으로 말아낼 수 있죠.
건강한 재료들로 만들었지만 모두의 입맛에 잘 맞을 거라 확신해요.

Ingredients

- ☐ 통밀토르티야 2장(15cm)
- ☐ 요거트코울슬로 5큰술
  (100g/242쪽 참고)
- ☐ 달걀 2개
- ☐ 사과 1/4개
- ☐ 슬라이스치즈 1장
- ☐ 샌드위치햄 2장
- ☐ 올리브유 1/2큰술

1. 달걀은 잘 풀고, 사과는 껍질째 길게 채 썰고, 치즈는 2등분한다.

오랫동안 구우면 토르티야가 부서져요.

2. 마른 팬에 토르티야을 중불에서 재빨리 굽는다.

3. 달군 팬에 올리브유를 두르고 약불에서 달걀물을 부어 지단을 만든다.

4. 유산지 위에 토르티야 2장을 1/3 정도 겹쳐 올린다.

샌드위치햄은 돼지고기 함량이 높고 산화방지제, 보존료가 첨가되지 않은 제품을 사용해요.

5. 토르티야 위에 지단-치즈-햄-사과-요거트코울슬로순으로 올려 토르티야를 김밥 말듯 돌돌 만다.

30쪽 포장법을 참고해요.

6. 롤을 돌돌 만 채로 유산지 앞쪽으로 가져와 다시 유산지와 함께 돌돌 만 다음, 롤의 좌우를 접어 붙이고 마저 말아 포장한다.

7. 비스듬히 2등분해 한 끼에 다 먹는다.

버섯템페비건샌드위치

Morning Lunch Snack

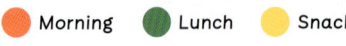

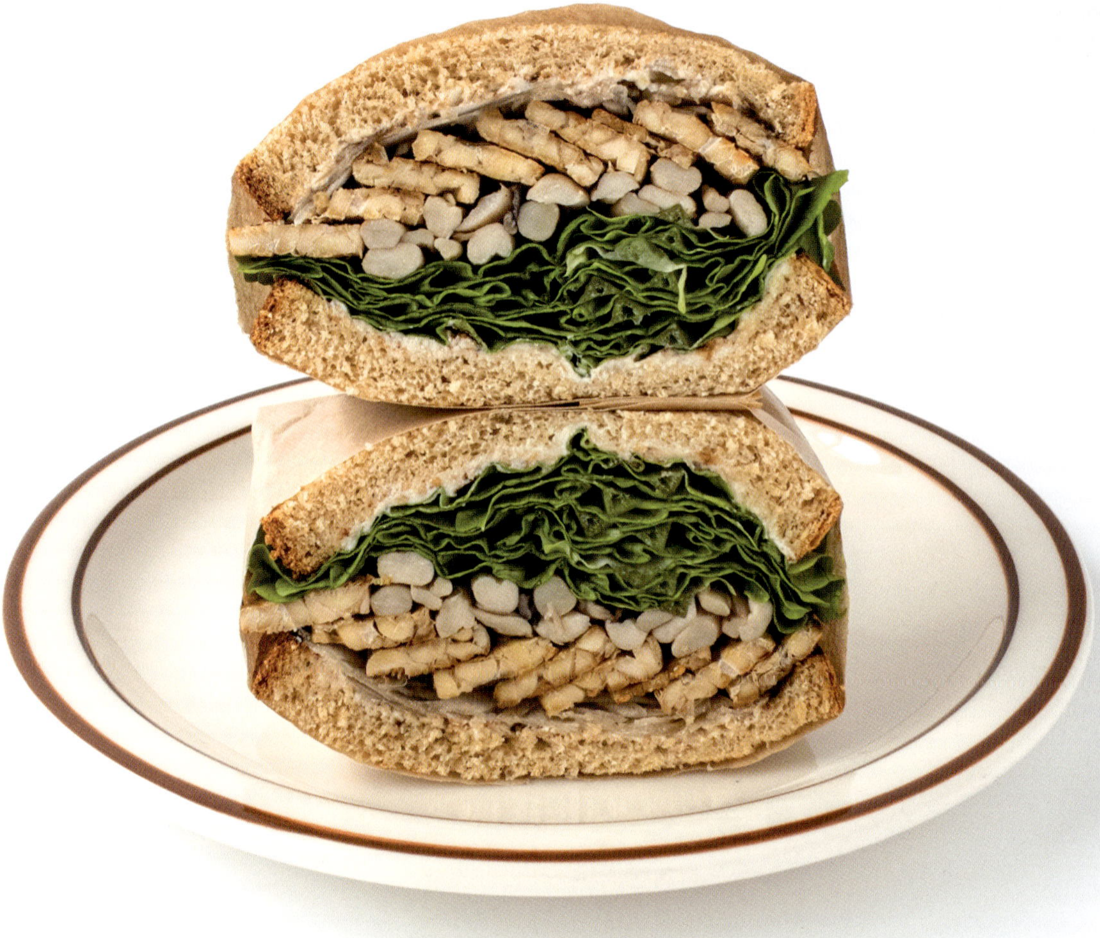

▶ 두부마요네즈 활용(238쪽)

식물성 고단백 식재료인 인도네시아의 콩 발효 음식 템페와 식이섬유가 가득한 탱탱한 버섯으로 만든 비건샌드위치예요. '비건'이나 '채식'이란 단어가 들어가면 아직도 맛없는 풀떼기 조합이라 생각하는 분들에게 이 샌드위치를 꼭 추천하고 싶어요. 다양한 식감과 조화로운 맛에 속까지 편안한 샌드위치가 먹고 싶을 때 딱이랍니다.

Ingredients / 2회 분량

- [ ] 통밀식빵 2장
- [ ] 템페 100g
- [ ] 양파 1/5개(28g)
- [ ] 느타리버섯 1줌(70g)
- [ ] 로메인 5장(혹은 청상추)
- [ ] 두부마요네즈 2큰술(238쪽 참고)
- [ ] 유기농발사믹크림 2큰술
- [ ] 소금 약간
- [ ] 올리브유 1/2큰술

1. 양파는 채 썰고, 버섯은 손으로 찢고, 템페는 얇게 썰고, 로메인은 씻어 체에 밭쳐 물기를 뺀다.

2. 달군 팬에 올리브유를 둘러 버섯, 템페를 올리고 소금을 뿌려 굽는다.

발사믹크림이 없다면 발사믹식초를 약불에서 끈적하게 졸여 사용해요.

3. 마른 팬에 식빵을 앞뒤로 노릇하게 굽고, 각 식빵 한쪽 면에 두부마요네즈를 바르고 발사믹크림을 뿌린다.

31쪽 포장법을 참고해요.

4. 유산지를 깔고 식빵 1장 위에 양파-템페-버섯-로메인-식빵순으로 올려 포장한다.

5. 6:4 비율로 2등분해 식사와 간식으로 나눠 먹는다.

허니갈릭그릭샌드위치 #디디미니치킨버거

● Morning ● Lunch ● Snack

▶ 그릭요거트 활용(230쪽)

저의 SNS를 통해 이미 많은 분이 만들어보고 검증한 디디미니표 치킨버거!
"건강한 재료만 들어간 샌드위치인데 치킨버거 맛이 나요!"를 외쳐주신
이름하여 허니갈릭그릭샌드위치예요. 다진 마늘과 올리고당의 알싸하고 달달한 조합에
크리미한 그릭요거트와 닭가슴살이 어우러지면 속세 치킨버거보다 더 맛있는
샌드위치가 완성됩니다. 여러분도 검증해서 후기 남겨주세요!

Ingredients / 2회 분량

- ☐ 통밀식빵 2장
- ☐ 로메인 7장(혹은 청상추)
- ☐ 토마토 1/2개
- ☐ 완조리닭가슴살 140g
- ☐ 그릭요거트 5큰술(100g/230쪽 참고)
- ☐ 다진 마늘 1/2큰술
- ☐ 프락토올리고당 1큰술
   (혹은 꿀, 알룰로스)
- ☐ 발사믹크림 1/2큰술

1. 로메인은 씻어 체에 받쳐 물기를 빼고, 토마토는 둥근 모양을 살려 얇게 썬다.

유산균(그릭요거트)의 먹이가 되는 프락토올리고당을 사용하면 좋아요. 없다면 알룰로스나 꿀 등으로 대체해요.

2. 작은 팬에 다진 마늘, 올리고당을 넣고 약불에서 저어가며 허니갈릭소스를 만든다.

3. 마른 팬에 식빵을 앞뒤로 노릇하게 굽는다.

31쪽 포장법을 참고해요.

4. 유산지를 깔고 식빵 1장의 한쪽 면에 허니갈릭소스를 바른 다음, 요거트-토마토-발사믹크림-닭가슴살-로메인-식빵순으로 올려 포장한다.

5. 4:6 비율로 2등분해 아침과 점심 혹은 점심과 간식으로 나눠 먹는다.

대구알아보카도오픈토스트

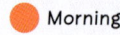 Morning

아보카도와 달걀을 함께 요리하면 고급스러운 브런치 느낌을 낼 수 있어요.
저는 여기에 무가당요거트와 대구알스프레드로 다양한 맛과 영양을 더했죠.
삶은 달걀, 요거트, 대구알스프레드를 으깨어 만든 짭조름하고 보들보들한 달걀샐러드를
바삭한 통밀식빵 위에 올리고, 입에서 스르르 녹는 아보카도를 얹어 내면
카페 브런치보다 특색 있고 포만감도 좋은 오픈토스트가 된답니다.

Ingredients

- 통밀식빵 1장
- 달걀 2개
- 아보카도 1/2개
- 대구알스프레드 1/2큰술+1/3큰술
  (혹은 튜브형 명란, 옐로머스터드)
- 무가당요거트 1큰술
- 후춧가루 약간
- 크러쉬드레드페퍼 약간
- 식초 1/2큰술
- 소금 1/3큰술

1. 달걀은 식초, 소금을 넣은 물에 넣어 10분 이상 완숙으로 삶고, 찬물에 담갔다가 껍질을 벗겨 포크로 으깬다.

2. 으깬 달걀에 대구알스프레드 1/2큰술, 요거트, 후춧가루를 넣고 잘 섞어 달걀샐러드를 만든다.

씨가 붙은 쪽의 아보카도 절반은 올리브유를 바르고 밀봉한 다음, 씨가 바닥으로 향하게 냉장실에 보관하면 갈변을 최대한 막으며 오래 보관할 수 있어요.

3. 아보카도는 껍질을 벗겨 얇게 썬 다음, 비스듬히 살짝 눌러 가지런히 썬 모양을 살린다.

4. 마른 팬에 식빵을 앞뒤로 노릇하게 구워 그릇에 담고, 달걀샐러드를 펴 올린다.

5. 아보카도를 올리고 후춧가루, 크러쉬드레드페퍼를 뿌린 다음, 대구알스프레드 1/3큰술을 조금씩 군데군데 짜 올린다.

채소게맛살언위치 #채소크래미언위치

🟠 Morning 🟢 Lunch 🔵 Dinner

채소믹스를 샐러드로만 먹기 물리거나 간편한 도시락 샌드위치를 만들고 싶을 때
채소게맛살언위치를 만들어요. 잘게 잘린 채소믹스는 청상추에 비해 샌드위치에
많이 올리기 힘들지만, 포두부만 있으면 포두부 안에 채소믹스를 양껏 넣어
뚱뚱이 샌드위치를 만들 수 있어요. 또 식물성 단백질도 섭취할 수 있고요.
채소 사이사이에 넣은 게맛살과 청포도가 샌드위치 맛의 키이니 꼭 넣어주세요!

Ingredients

- ☐ 통밀식빵 1장
- ☐ 채소믹스 2줌(110g)
- ☐ 청포도 6개
- ☐ 완조리닭가슴살 100g
- ☐ 게맛살 1개
- ☐ 슬라이스치즈 1장
- ☐ 포두부 1장(A4 용지 크기)
- ☐ 스리라차소스 1/2큰술

1. 채소믹스는 씻어 체에 밭쳐 물기를 빼고, 청포도는 2등분하고, 닭가슴살, 게맛살은 결대로 찢는다.

2. 채소믹스와 게맛살을 섞어 게맛살믹스를 만든다.

3. 마른 팬에 식빵을 앞뒤로 노릇하게 굽는다.

4. 유산지를 깔고 식빵-치즈-청포도-닭가슴살순으로 올려 그대로 둔다.

MINI'S KICK

포두부는 두부를 압착해 수분을 줄여 만든 제품으로 탱글탱글하고 쫄깃한 식감이 좋아요. 시판 제품은 펼치면 A4 용지 크기인데, 본래 크기를 그대로 사용해 언위치를 만들거나 원하는 굵기로 썰어서 무침, 볶음, 쌈 등 다양한 요리에 활용할 수 있어요. 포두부는 꼭 국산콩으로 만든 제품을 구입하세요.

> 쪽 포장법을 참고해요. 포두부 가장자리는 포장하면서 자연스레 접혀요.

5. 포두부를 펼치고 게맛살믹스를 올려 반으로 접은 다음, 빵 대신 샌드위치 위에 올려 포장한다.

6. 2등분해 스리라차소스를 뿌린다.

에그템페말이토르티야롤

● Morning ● Lunch

영양식 템페를 달걀로 말아서 만든 부드러운 에그템페말이가 동·식물성 단백질 섭취를
충분하게 돕고, 형형색색의 다양한 채소가 보는 재미, 씹는 재미를 주는
롤을 만들어볼까요? 에그템페말이는 처음에 만들기 좀 번거로울 수 있지만,
한 번 만들어두면 두 끼를 건강하고 맛있게 해결할 수 있어 편리해요.
먹어보면 "음~!" 하는 감탄사가 절로 나올 거예요.

Ingredients / 2회 분량

- ☐ 통밀토르티야 2장(15cm)
- ☐ 템페 100g
- ☐ 슬라이스치즈 1장
- ☐ 달걀 3개
- ☐ 적양배추 65g
- ☐ 케일 7장
- ☐ 양파 1/4개(80g)
- ☐ 식물성마요네즈 1큰술
  (또는 하프마요네즈)
- ☐ 스리라차소스 1큰술
- ☐ 무설탕딸기잼 1/2큰술
- ☐ 올리브유 1/2큰술

1. 양배추는 가늘게 채 썬 다음, 씻어 체에 밭쳐 물기를 빼고, 양파는 다진다.

2. 템페는 얇게 썰고, 치즈는 2등분하고, 달걀은 잘 풀어 양파를 섞는다.

3. 달군 팬에 올리브유를 두르고 달걀물을 1/3만 부은 다음, 템페를 가지런히 올려 돌돌 만다.

4. 다시 달걀물을 붓고 템페를 올려 돌돌 마는 동작을 3~4번 반복해 템페달걀말이를 만든다.

5. 마른 팬에 토르티야를 재빨리 굽고, 유산지를 깔아 토르티야 2장을 1/3 정도 겹쳐 올린다.

6. 토르티야 위에 케일 4장을 겹쳐 올리고 딸기잼을 펴 바른 다음, 치즈-양배추-마요네즈-스리라차소스-템페달걀말이-케일 3장순으로 올려 돌돌 만다.

30쪽 포장법을 참고해요.

7. 롤을 돌돌 만 채로 유산지 앞쪽으로 가져와 다시 유산지와 함께 돌돌 만 다음, 롤의 좌우를 접어 붙이고 마저 말아 포장한다.

8. 6:4 비율로 2등분해 식사와 간식으로 나눠 먹는다.

두부치즈체리샌드위치

🔴 Morning 🟢 Lunch 🟡 Snack

▶ 두부치즈 활용(236쪽)

맛도 좋은 데다 식감도 좋고 영양까지 풍부한 두부치즈는 활용할 요리가 정말 많아요.
이번에는 두부치즈의 쫀득하고 짭조름한 맛에 상큼하고 달콤한 맛을 얹고 싶어서
체리를 곁들여봤는데요, 둘의 조화가 환상적인 두부치즈체리샌드위치가
되었답니다. 건강하고 속 편한 비건샌드위치이지만, 예쁜 모양새 이상으로
맛도 훌륭하고, 진짜 치즈만큼이나 찰진 질감이 매력적이에요.

Ingredients / 2회 분량

- 통밀식빵 2장
- 두부치즈 200g(236쪽 참고)
- 체리 7~8개

1. 체리는 꼭지를 떼고 둥글게 칼집을 내 비틀어 2등분한 다음, 씨를 제거한다.

2. 마른 팬에 식빵을 앞뒤로 노릇하게 굽는다.

식빵 크기에 따라 체리를 촘촘하게 채워요.

※쪽 포장법을 참고해요.

3. 유산지를 깔고 식빵 1장의 한쪽 면에 두부치즈 100g을 펴 바른 다음, 위아래에만 2등분한 체리 8~10조각을 올린다.

4. 남은 식빵에 나머지 두부치즈를 펴 바르고, 체리식빵 위를 덮어 포장해 가로로 2등분한다.

체리의 자른 단면이 보여야 하트처럼 예쁜 모양이 돼요.

5. 샌드위치 단면에 남은 체리를 단면이 보이도록 일렬로 채워 넣는다.

낫토사과오픈토스트

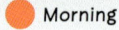 Morning

낫토 특유의 향 때문에 낫토와 친하지 않은 분은 이 레시피로 입문하면 딱이에요! 아삭하고 상큼한 사과에 홀그레인머스터드의 알싸한 맛 조합으로 낫토 특유의 향이 많이 감춰지거든요. 또 삶은 달걀이 모든 재료를 한데 감싸주고, 고소한 치즈 한 장과 싱그러운 채소 한 줌이 샌드위치를 더 완벽하게 만들어줘요. 아침에 가볍게 먹는 샌드위치일지라도 맛과 영양, 비주얼까지 놓치지 않을 거예요.

Ingredients

- ☐ 통밀식빵 1장
- ☐ 달걀 1개
- ☐ 사과 1/4개(50g)
- ☐ 어린잎채소 1줌(5g)
- ☐ 낫토 1팩
- ☐ 슬라이스치즈 1장
- ☐ 홀그레인머스터드 1/2큰술
- ☐ 식초 1/2큰술
- ☐ 소금 1/3큰술

1. 달걀은 식초, 소금을 넣은 물에 넣어 10분 이상 완숙으로 삶고, 찬물에 담갔다가 껍질을 벗긴다.

2. 사과는 껍질째 채 썰고, 어린잎채소는 씻어 체에 밭쳐 물기를 뺀다.

3. 달걀은 포크로 으깨고, 낫토, 사과, 머스터드를 넣고 잘 섞어 낫토사과샐러드를 만든다.

식빵 한 면을 굽다가 식빵을 뒤집자마자 뜨거울 때 치즈를 올리면 치즈가 적당히 잘 녹아요.

4. 마른 팬에 식빵을 앞뒤로 노릇하게 굽다가 치즈를 올린다.

5. 접시에 식빵을 담고 낫토사과샐러드, 어린잎채소를 올린다.

에그샐러드샌드위치

🟠 Morning 🟢 Lunch 🟡 Snack

부드러운 맛의 에그샐러드샌드위치는 누구라도 좋아할 수밖에 없는 메뉴죠?
여기에 양파와 오이를 넣어 아삭하고 산뜻한 맛을 더하고! 숲속의 버터 아보카도로
건강한 지방까지 더하고! 무설탕딸기잼으로 자연스러운 단맛까지 추가하면
샌드위치 전문점 부럽지 않은 특별한 맛의 에그샐러드샌드위치를 만들 수 있어요.

Ingredients / 2회 분량

- ☐ 통밀식빵 2장
- ☐ 삶은 달걀(반숙란) 3개
- ☐ 양파 1/4개(50g)
- ☐ 오이 1/3개(55g)
- ☐ 아보카도 1/2개
- ☐ 슬라이스치즈 1장
- ☐ 무설탕딸기잼 1/2큰술
- ☐ 식물성마요네즈 1큰술
  (혹은 하프마요네즈, 무가당요거트)
- ☐ 후춧가루 약간

1. 양파, 오이는 동그란 모양을 살려 얇게 썬다.

2. 아보카도는 껍질을 벗기고 얇게 썬 다음, 비스듬히 살짝 눌러 가지런히 썬 모양을 살린다.

3. 달걀은 껍질을 벗겨 으깨고, 양파, 오이, 마요네즈, 후춧가루를 잘 섞어 에그샐러드를 만든다.

4. 마른 팬에 식빵을 앞뒤로 노릇하게 굽는다.

5. 유산지를 깔고 식빵 1장의 한쪽 면에 무설탕딸기잼을 바른 다음, 아보카도-에그샐러드-치즈-식빵 순으로 덮어 포장한다.

6. 6:4 비율로 2등분해 식사와 간식으로 나눠 먹는다.

LOW CARBOHYDRATE HIGH PROTEIN DIET RECIPES

PART 4

속 풀리고 스트레스 풀리는 맛!
국물 요리 & 면 요리

다이어트할 때 주로 먹는 것은 생채소나 찬 기운의 요리들이 많아요.
계속 그런 음식을 먹다 보면 몸에 으슬으슬 한기를 느끼거나
환절기엔 컨디션이 안 좋아지기도 하죠. 이럴 때는 따뜻한 국물 요리나
부드러운 면 요리가 간절하지만, 감량 시에는 피해야 하는 것들이죠.
하지만! 국물을 피하라는 건 과한 나트륨 때문이고,
면을 멀리하라는 건 정제탄수화물 때문이니, 건강한 대체품을 찾으면 되겠죠?
국물도 면도 포기 못 한 미니가 다이어트의 금기를 깨며 개발한
기발하고 다양한 국물 & 면 요리로 여러분의 몸을 보호하고 스트레스를 덜어줄게요.

다이어트국물떡볶이

🟠 Morning 🟢 Lunch

감량 중에 피해야 할 대표 음식 떡볶이는 왜 다이어트할 때면 더 당기는 걸까요? 그래서 탄수화물과 나트륨, 당류 덩어리인 떡볶이를 속이 확 풀리는 뜨끈뜨끈한 다이어트식 국물떡볶이로 만들어봤어요. 현미라이스페이퍼와 어육 함량이 높은 어묵으로 떡이 없어도 쫄깃하게, 고추장과 물엿이 없어도 매콤하고 달콤하게! 2회 분량으로 만들어 가족과 함께 주말 특식으로 즐겨봐요.

Ingredients / 2회 분량

- ☐ 현미라이스페이퍼 6장
- ☐ 달걀 2개
- ☐ 대파 66cm(170g)
- ☐ 청양고추 2개
- ☐ 천오란다어묵 130g
- ☐ 물 3½컵
- ☐ 유기농치킨스톡 1팩(14g)
- ☐ 청양고춧가루 2큰술
- ☐ 간장 2큰술
- ☐ 알룰로스 3큰술
  (혹은 올리고당, 꿀 2큰술)
- ☐ 후춧가루 약간
- ☐ 식초 1/2큰술
- ☐ 소금 1/2큰술

1. 달걀은 식초, 소금을 넣은 물에 넣어 10분 이상 완숙으로 삶고, 찬물에 담갔다가 껍질을 벗긴다.

2. 대파, 고추는 어슷 썰고, 어묵은 일반 떡볶이떡 크기로 썬다.

3. 냄비에 물, 대파, 고추, 치킨스톡을 넣고 한 차례 끓인다.

4. 어묵, 달걀, 고춧가루, 간장, 알룰로스를 넣고 어묵에 간이 밸 만큼 충분히 끓인다.

MINI'S KICK

유기농치킨스톡은 동물복지 환경에서 키운 유기축산물 인증 닭과 유기농 재료들로 만든 착한 치킨스톡이에요. 인위적인 조미료 맛 대신 건강한 국물 맛을 내줘 미니가 즐겨 활용하는 식재료랍니다. 일반 치킨스톡을 쓰면 간이 짤 수 있으니 양을 조절해가며 간을 맞춰요.

라이스페이퍼는 잘 불기 때문에 한 번 먹을 때 3장씩, 먹기 전에 넣어요.

5. 후춧가루를 뿌리고, 라이스페이퍼 3장을 손으로 부수어 넣은 다음, 잘 섞어 불을 끈다.

라이스페이퍼 1회 분량은 모두 건져 먹어요.

6. 그릇에 떡볶이 절반 분량, 달걀 1개를 담아 먹고, 남은 절반은 냉장실에 보관해 2~3일 내로 먹는다.

저탄수로제국물파스타

● Morning ● Dinner

크리미하고 매콤 새콤한 로제파스타는 느끼하지 않아서 한국인 입맛에도 딱이에요.
하지만 먹다 보면 소스가 늘 부족했기에, 아예 다이어트식으로 국물이 넉넉한
저탄수로제국물파스타를 개발했어요. 두부면으로 탄수화물을 줄이면서 단백질을
높였고, 느타리버섯으로 식감을 살렸어요. 여기에 무가당땅콩버터를 넣어서
더 깊은 맛을 내는 건 저만의 킥! 먹고 나면 땀이 쭉 빠지면서 몸이 따뜻해져요.

Ingredients

- ☐ 두부면 1팩
- ☐ 마늘 4개(14g)
- ☐ 양파 1/4개(60g)
- ☐ 느타리버섯 1줌(75g)
- ☐ 유기농옥수수통조림 1큰술
- ☐ 귀리우유 1컵
  (혹은 우유, 무가당두유)
- ☐ 물 1/2컵
- ☐ 토마토소스 1큰술
- ☐ 청양고춧가루 1/3큰술
- ☐ 그라노파다노치즈 약간
  (혹은 파르메산치즈가루)
- ☐ 파슬리가루 약간
- ☐ 100% 무가당땅콩버터 1/2큰술
- ☐ 올리브유 1/2큰술

1. 마늘은 편 썰고, 양파는 채 썰고, 버섯은 밑동을 제거하고 가닥가닥 찢고, 두부면은 헹궈 물기를 뺀다.

2. 달군 팬에 올리브유를 두르고 마늘, 양파를 볶다가 버섯을 넣어 볶는다.

3. 두부면, 옥수수, 귀리우유, 물, 토마토소스, 고춧가루를 넣고 재료에 간이 밸 때까지 저어가며 끓인다.

국물이 살짝 걸쭉해져야 맛있어요.

4. 그릇에 담아 치즈를 갈아 올리고, 파슬리가루, 땅콩버터를 올린다.

부추참치비빔면

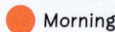 Morning  Dinner

여름엔 시원한 비빔면이 별미죠! 하지만 다이어터인 우리는 살찌는 밀가루면 대신
더 가벼운 라이트누들로 부담 없는 비빔면을 만들어봐요. 기존의 비빔면은
면과 매콤한 소스만으로 완성했다면, 우리는 영양도 놓칠 수 없으니까 참치통조림과
달걀로 단백질을 채워요. 아삭한 채소로 식감과 포만감을 더하고 건강하게 만든
새콤달콤 비빔소스까지 곁들여 맛있는 면 요리 한 그릇을 함께 즐겨요.

Ingredients

- ☐ 라이트누들 1봉(150g)
- ☐ 참치통조림 1개(100g)
- ☐ 달걀 1개
- ☐ 부추 1줌(85g)
- ☐ 양파 1/4개(30g)
- ☐ 상추 3장
- ☐ 유기농옥수수통조림 1큰술
- ☐ 통깨 약간
- ☐ 올리브유 1/3큰술

● 소스
- ☐ 청양고춧가루 1/2큰술
- ☐ 다진 마늘 1/4큰술
- ☐ 간장 1큰술
- ☐ 식초 1/2큰술
- ☐ 생들기름 1큰술
- ☐ 알룰로스 1큰술
  (혹은 올리고당, 꿀 2/3큰술)
- ☐ 통깨 1/3큰술

1. 부추는 4cm 길이로 썰고, 양파는 채 썰고, 상추는 6등분하고, 참치는 숟가락으로 눌러 기름을 빼고, 누들은 물기를 뺀다.

2. 달군 팬에 올리브유를 두르고 달걀프라이를 만든다.

통깨는 양 손바닥으로 눌러가며 비벼 섞으면 고소한 향이 훨씬 풍부해져요.

3. 비빔소스 재료는 잘 섞는다.

라이트누들 대신 미역면을 써도 좋아요. 곤약면은 뜨거운 물에 데쳐서 써요.

4. 볼에 누들, 참치, 부추, 양파, 상추, 옥수수, 소스를 넣고 잘 비빈다.

5. 그릇에 비빔면을 담고 달걀프라이를 올린 다음, 통깨를 뿌린다.

게맛살명란달걀탕

 Morning  Dinner

보드레한 식감에 든든한 단백질까지 챙길 수 있는 달걀탕은 너무 짜지 않게만 만들면
고단백 다이어트 식단으로 정말 좋아요. 별다른 양념 없이 저염명란젓과 게맛살을
추가해 만들었는데, 시원한 감칠맛과 매끄러운 감촉의 목 넘김이 정말 일품이에요.
따끈한 국물에 밥 말아 먹고 싶을 때도 추천하는 초간단 한식 국물 요리랍니다.

Ingredients / 2회 분량

- ☐ 달걀 4개
- ☐ 게맛살 2개
- ☐ 저염명란젓 1개(30g)
- ☐ 대파 50cm(110g)
- ☐ 청양고추 1개
- ☐ 다진 마늘 1/2큰술
- ☐ 물 4컵

1. 대파 35cm는 5cm 길이로 썰고, 나머지 대파는 동그란 모양을 살려 송송 썰고, 고추는 어슷 썬다.

2. 달걀은 잘 풀고, 게맛살은 결대로 찢고, 명란젓은 한입 크기로 썬다.

3. 냄비에 물, 5cm 길이로 썬 대파를 넣고 대파가 반투명해질 때까지 끓인 다음, 익은 대파는 건져낸다.

4. 달걀물은 체에 밭쳐 육수에 붓고, 중불에서 잘 저어가며 끓인다.

> 체가 없으면 달걀물을 육수에 빙 둘러가며 부어요.

5. 달걀물이 익기 시작하면 다진 마늘, 고추, 명란을 넣고, 명란을 숟가락으로 으깨가며 국물에 풀어준다.

6. 송송 썬 대파, 게맛살을 넣고 재빨리 끓인다.

만능채소스튜 #디디미니채소스튜

● Morning　● Lunch　● Dinner　● Meal prep

살도 안 찌고 속이 편안한 국물이 먹고 싶을 땐 채소스튜를 강력 추천해요.
냉장고 사정에 맞춘 채소와 토마토소스, 고춧가루, 치킨스톡만 있으면 끝내주는 국물이
완성되거든요. 끓이면 끓일수록 더 깊은 맛이 나서 한 번에 많이 만들어두면 좋아요.
먹을 때마다 닭가슴살, 콩, 달걀 등과 함께 끓이면 더 든든하게 먹을 수 있는,
무한 응용 가능한 디디미니표 채소스튜를 만나봐요.

Ingredients / 4~5회 분량

- 가지 1개(150g)
- 양파 1/2개(140g)
- 당근 1/2개(140g)
- 청양고추 2개
- 유기농옥수수통조림 3큰술
- 물 4컵
- 토마토소스 4큰술
- 유기농치킨스톡 1팩(14g)
- 청양고춧가루 1/3큰술
- 100% 무가당땅콩버터 1큰술
- 올리브유 2큰술

채소는 냉장고에 남은 다양한 채소나 좋아하는 채소를 사용해요.

1. 가지, 양파, 당근, 고추는 한입 크기로 썬다.

2. 달군 팬에 올리브유를 두르고 손질한 채소를 모두 넣어 볶다가 양파가 반투명해지면 물을 붓는다.

3. 토마토소스, 치킨스톡, 고춧가루, 옥수수를 넣고 중약불에서 채소가 푹 익을 때까지 끓인다.

스튜는 끓일수록 맛있어져요. 한 끼에 달걀 2개 혹은 닭가슴살 100g을 넣고 끓여 먹어도 좋아요.

4. 땅콩버터를 넣고 잘 섞어 불을 끄고, 4~5회에 나눠 먹는다.

동남아맛쌀국수

🟠 Morning 🟢 Lunch

동남아 여행에서 맛있게 먹었던 추억의 쌀국수를 이제 집에서도,
다이어트 중에도 즐겨요! 평소에는 쌀국수스톡으로 쌀국수 맛을 쉽게 낼 수 있지만,
첨가물이 많이 들어가니 유기농치킨스톡으로 좀 더 건강하게 만들어볼까요?
숙주를 듬뿍 넣어 포만감을 만족시키고, 새우를 부족함 없이 넣어 단백질을 빵빵하게 보태요.
너무 짜거나 자극적이지 않아서 속이 편안한 맛에 푹 빠지게 될 거예요.

Ingredients

- ☐ 쌀국수면 35g
- ☐ 숙주 1줌(70g)
- ☐ 냉동새우 6마리(114g)
- ☐ 대파 18cm(15g)
- ☐ 홍고추 1개
- ☐ 레몬그라스 1대(냉동 가능)
- ☐ 고수 1뿌리(14g)
- ☐ 토마토 1/2개
- ☐ 물 2½컵
- ☐ 유기농치킨스톡 1팩(14g)
- ☐ 스리라차소스 1큰술
- ☐ 청양고춧가루 1/4큰술~1/3큰술
- ☐ 레몬즙 1/2큰술
- ☐ 피시소스 1/3큰술
  (혹은 멸치액젓)
- ☐ 100% 무가당땅콩버터 1/3큰술

쌀국수 굵기는 기호에 따라 선택해요.

1. 쌀국수면은 물에 담가 10분간 불리고, 숙주는 씻어 체에 밭쳐 물기를 빼고, 냉동새우는 헹궈 찬물에 담가 해동한다.

2. 대파는 어슷 썰고, 고추는 굵게 다지고, 레몬그라스는 4등분하고, 고수, 토마토는 한입 크기로 썬다.

3. 냄비에 물, 대파, 레몬그라스, 고수 줄기, 고추, 치킨스톡을 넣고 채소 향이 육수에 우러나게 5분 이상 끓인다.

4. 토마토, 새우를 넣고 끓이다가 스리라차소스, 고춧가루, 레몬즙, 피시소스를 넣고 새우가 익을 때까지 끓인다.

5. 불린 쌀국수, 숙주를 넣고 강불에서 면이 익을 정도로만 재빨리 끓인다.

6. 그릇에 담고 고수 잎, 땅콩버터를 올린다.

다이어트떡국

🟠 Morning　🟢 Lunch　🔴 Meal prep

새해가 되면 항상 먹는 떡국은 탄수화물 함량이 높아 다이어트할 때 조심해야 할 음식 중 하나예요. 그래서 떡 대신 현미라이스페이퍼를 잘라 넣어 쫄깃한 식감을 충족시키고, 유기농치킨스톡으로 순식간에 깊은 국물 맛을 냈어요. 좀 더 쉽고 빠르게 만들면서 살도 안 찌게 만드는 건강한 떡국. 저의 작은 아이디어 하나로 수많은 다이어터의 식사가 즐거웠으면 좋겠어요.

Ingredients

- ☐ 달걀 1개
- ☐ 완조리닭가슴살 140g
- ☐ 김 1/2장
- ☐ 대파 30cm(34g)
- ☐ 홍고추 1/4개(3g)
- ☐ 현미라이스페이퍼 4장
- ☐ 물 2½컵
- ☐ 유기농치킨스톡 1팩(14g)
- ☐ 올리브유 1/3큰술

1. 달걀은 흰자, 노른자를 나누어 잘 풀고, 달군 팬에 올리브유를 두르고 각각 지단을 만들어 얇게 썬다.

2. 대파, 고추는 동그란 모양을 살려 썰고, 닭가슴살은 손으로 찢고, 김은 가위로 가늘게 자른다.

3. 냄비에 대파, 물, 치킨스톡을 넣고 강불에서 끓인다.

4. 육수가 끓으면 닭가슴살을 넣고 3분 정도 끓이다가 불을 끄고, 라이스페이퍼를 손으로 먹기 좋게 부수어 넣고 잘 섞는다.

5. 그릇에 라이스페이퍼떡국을 담고 지단, 김, 고추를 올린다

MEAL PREP TIP

현미라이스페이퍼를 제외하고 '모든 재료 1회 분량 x n끼니'로 계산해 닭가슴살을 끓이는 과정까지 요리를 마무리한 다음, 한 김 식혀 소분해요. 2~3일 내 먹을 것은 냉장실에, 이후에 먹을 것은 냉동실에 보관해요. 현미라이스페이퍼는 먹기 전, 떡국 육수를 데운 후에 넣어야 붇지 않고 쫄깃한 식감을 느낄 수 있어요.

훈제오리루콜라파스타

 Morning   ● Lunch

냄새만 맡아도 입에 침이 고이는 훈제오리와 쌉싸래한 맛과 향이 좋은 루콜라가 만난 훈제오리루콜라파스타예요. 밀가루 파스타 대신 식이섬유가 풍부한 통밀파스타를 활용해서 살찔 부담이 적고 건강한 파스타를 만들어봐요. 맵싸한 청양고추와 훈제오리의 깊은 향이 면에 가득 스며들어 느끼하지 않고 한 입 한 입 맛 좋은 파스타가 완성될 거예요.

Ingredients

- ☐ 통밀파스타 40g
- ☐ 훈제오리 120g
- ☐ 와일드루콜라 1줌(19g)
- ☐ 마늘 10개
- ☐ 청양고추 1개
- ☐ 레몬 1/6개
- ☐ 후춧가루 약간
- ☐ 소금 1/3큰술
- ☐ 올리브유 1/2큰술

1. 끓는 물에 소금을 넣고 파스타를 7분간 삶아 건져 체에 밭치고, 면수 1/2컵을 덜어둔다.

일반 루콜라는 4cm 길이로 썰어 준비해요.

2. 훈제오리는 뜨거운 물에 데치고, 마늘은 얇게 편 썰고, 고추는 어슷 썰고, 루콜라는 씻어 물기를 뺀다.

3. 달군 팬에 올리브유를 두르고 마늘, 고추를 볶다가 훈제오리를 넣어 굽듯이 볶는다.

4. 삶은 파스타를 넣고 중간 중간 면수를 2~3큰술씩 넣어가며 볶다가 후춧가루를 뿌리고 섞어 불을 끈다.

5. 그릇에 파스타를 담고 루콜라, 레몬을 올린 다음, 먹기 전에 레몬을 짜서 뿌린다.

땅콩순두부탕

● Morning　● Dinner　● Meal prep

따끈따끈하고 칼칼한 순두부탕은 속을 따뜻하게 해주고 소화가 용이해 먹고 나면 속이 편해요. 된장과 청양고춧가루 덕분에 국물이 칼칼하면서도 감칠맛이 나고, 100% 무설탕땅콩버터를 곁들여 건강한 단백질과 지방을 추가해서 고소한 맛이 돋보인답니다. 상상이 안 가는 조합이라고요? 저를 믿고 꼭 한 번 만들어봐요. 후루룩 한 입 먹는 순간 반하게 될걸요?

Ingredients

- ☐ 순두부 1/2개(175g)
- ☐ 애호박 1/2개(130g)
- ☐ 양파 1/4개(75g)
- ☐ 오트밀 2큰술(25g)
- ☐ 물 1½컵
- ☐ 청양고춧가루 1/3큰술~1/2큰술
- ☐ 저염된장 1큰술
   (혹은 일반 된장 2/3큰술)
- ☐ 100% 무가당땅콩버터 1/2큰술

1. 애호박, 양파는 한입 크기로 썬다.

오트밀이 눌어붙지 않도록 종종 저어줘요.

2. 냄비에 물, 애호박, 양파, 오트밀, 순두부를 넣고 채소가 익을 만큼 충분히 끓인다.

3. 고춧가루, 된장을 잘 풀어 간하고 한 차례 끓인다.

기호에 따라 고춧가루를 더 추가해 먹어도 좋아요.

4. 그릇에 담고 땅콩버터를 올린다.

MEAL PREP TIP

땅콩순두부탕은 순두부와 채소에 국물의 간이 배면 더 맛있어져서 밀프렙으로 추천하는 메뉴예요. '모든 재료 1회 분량 x n끼니'로 계산해 만들어 1~2일 내 먹을 것은 냄비째 데워 그때그때 덜어 먹어요. 이후에 먹을 것은 소분해 냉장 혹은 냉동 보관해요.

닭가슴살감자수프

🟠 Morning 🟢 Lunch 🩷 Meal prep

따뜻하고 크리미한 맛으로 포만감을 채우고 싶다면 이 메뉴를 추천해요.
대부분 감자를 살찌는 재료라고 알고 있을 테지만, 프렌치프라이나 감자칩처럼
감자를 기름에 튀겨 소금을 잔뜩 묻힌 음식들 때문에 생긴 오해예요.
당연히 많이 먹으면 살찌겠지만, 감자도 고구마처럼 복합 탄수화물 식재료 중 하나로
적당량을 건강하게 요리해 먹으면 식단에 곁들이기 좋은 구황작물입니다.

Ingredients / 2회 분량

- [ ] 생닭가슴살 300g
- [ ] 감자 2개(280g)
- [ ] 양파 1/2개(85g)
- [ ] 우유 2컵
- [ ] 허브솔트 1/3큰술
- [ ] 대추야자시럽 1/2큰술
  (혹은 올리고당, 꿀)
- [ ] 파슬리가루 약간
- [ ] 검은깨 약간
- [ ] 코코넛오일 1큰술
  (혹은 올리브유)

1. 생닭가슴살, 양파는 한입 크기로 썰고, 감자는 껍질을 벗겨 한입 크기로 썬다.

2. 달군 팬에 코코넛오일 1/2큰술을 둘러 양파가 갈색 빛이 날 때까지 중불에서 볶는다.

3. 믹서에 볶은 양파, 감자, 우유를 넣고 곱게 갈아 수프베이스를 만든다.

4. 달군 냄비에 코코넛오일 1/2큰술을 두르고 생닭가슴살을 볶다가 수프베이스를 넣고 눌어붙지 않게 저어가며 닭이 익을 때까지 끓인다.

5. 허브솔트, 대추야자시럽으로 간하고, 그릇에 담아 파슬리가루, 검은깨를 뿌린다.

MEAL PREP TIP

닭가슴살감자수프는 1인분보다 넉넉한 양을 끓여야 더 맛있으니 밀프렙해서 보관하세요.
'모든 재료 1회 분량 x n끼니'로 계산하여 만들되, 코코넛오일은 70% 정도만 사용해요. 한 김 식혀 소분하고 2~3일 내 먹을 것은 냉장실에, 이후에 먹을 것은 냉동 보관해요.

치킨카레주키니파스타

유명한 건강식 전문점에 견주어도 뒤지지 않을 맛과 비주얼, 영양까지 삼박자를
고루 갖춘 음식을 꼽는다면 단연코 치킨카레주키니파스타예요. 주키니호박으로
면을 대체해 탄수화물을 대폭 줄였고, 꾸덕꾸덕하게 끓인 치킨카레수프는
그냥 먹어도 맛있지만 주키니면 위에 올리면 자연스레 채수가 빠져나와
놀랄 만한 국물이 되거든요. 가볍지만 뜨끈한 면 요리가 생각날 때 참 좋아요.

Ingredients / 2회 분량(카레)

- ☐ 주키니호박 1/3개(117g)
- ☐ 양파 1/2개(167g)
- ☐ 생닭가슴살 290g
- ☐ 고수 1뿌리(12g)
- ☐ 귀리우유 2½컵
   (혹은 우유, 무가당두유)
- ☐ 훈제파프리카가루 1/2큰술
- ☐ 카레가루 2½큰술
- ☐ 후춧가루 약간
- ☐ 검은깨 약간
- ☐ 코코넛오일 1큰술
   (혹은 올리브유, 아보카도오일)

1. 주키니는 스파이럴라이저나 채칼, 회전채칼로 면처럼 길게 뽑아 완성 그릇에 담아둔다.

2. 양파, 생닭가슴살, 고수는 한입 크기로 썬다.

3. 달군 팬에 코코넛오일을 두르고 중불에서 양파를 반투명하게 볶다가 닭가슴살, 고수 줄기를 넣고 강불에서 닭의 겉면이 익을 때까지 볶는다.

국물이 살짝 꾸덕해져야 맛있어요.

4. 귀리우유, 파프리카가루, 카레가루를 넣고 중불에서 저어가며 2~3분간 끓이다가 후춧가루를 뿌리고 불을 끈다.

남은 치킨카레는 수프처럼 먹거나 밥과 함께 먹어도 좋아요.

5. 주키니면을 담은 그릇에 치킨카레 절반 분량을 올리고 검은깨, 고수 잎을 올린다.

MEAL PREP TIP

치킨카레는 1인분보다 넉넉한 양을 끓여야 더 맛있어서 밀프렙을 추천해요. 주키니면을 제외하고 '모든 재료 1회 분량 x n끼니'로 계산하여 만들되, 코코넛오일은 70% 정도로 줄이고 카레가루도 간을 봐가며 적당히 넣어요. 한 김 식혀 소분하고 2~3일 내 먹을 것은 냉장실에, 이후에 먹을 것은 냉동실에 보관해요. 주키니면은 그때그때 뽑아서 따끈하게 데운 카레를 부어 먹어요. 주키니면 대신 밥, 곤약면, 통밀면 등도 잘 어울려요.

가지두부볶음면

● Morning ● Dinner

가벼운 면 요리가 생각날 때 추천하는 레시피예요. 고단백 두부면의 꼬들꼬들한 식감과 부드러운 가지의 식감이 상반되게 어우러져 맛의 조화가 참 좋아요. 게다가 식이섬유 또한 듬뿍 들어서 영양도 챙길 수 있죠. 마지막에 뿌려서 비벼 먹는 생들기름이 볶음면의 고소함을 살리는 중요한 재료이니 잊지 말고 곁들여요.

Ingredients

- ☐ 두부면 1팩(100g)
- ☐ 가지 1/2개(65g)
- ☐ 대파 16cm(28g)
- ☐ 청상추 5장
- ☐ 다진 마늘 1/2큰술
- ☐ 간장 1큰술
- ☐ 생들기름 1큰술
- ☐ 알룰로스 1큰술(혹은 올리고당)
- ☐ 햄프시드 1/2큰술
- ☐ 스리라차소스 1/2큰술
- ☐ 올리브유 1/2큰술

1. 가지는 반달 모양으로 썰고, 대파는 동그란 모양을 살려 썰고, 상추는 한입 크기로 썬다.

2. 두부면은 헹궈 물기를 뺀다.

다진 마늘 대신 마늘 2개를 칼등으로 으깨어 넣으면 향이 더 좋아요.

3. 달군 팬에 올리브유를 두르고 가지, 대파, 다진 마늘을 넣고 충분히 볶다가 두부면, 간장, 생들기름, 알룰로스를 넣고 재빨리 섞어가며 볶는다.

4. 그릇에 상추를 깔고 볶음면을 담아 햄프시드, 스리라차소스를 뿌린다.

샐러드콩국수

● Morning ● Dinner

여름의 콩국수는 진미이자 진리잖아요? 콩국수를 더 가볍고 배부르게 먹고 싶다면
오이로 채소면을 만들고, 저칼로리 라이트누들과 섞어보세요. 씹을 때마다
싱그러운 맛이 배가되고 포만감도 좋아져요. 여기에 무가당두유와 서리태콩가루로
눈 깜짝할 사이에 만든 초간단 콩물을 부으면 여름밤을 시원하게 해줄 가벼운 한 끼가 돼요.

Ingredients

- ☐ 라이트누들 1/2봉(75g)
- ☐ 달걀 1개
- ☐ 오이 1개
- ☐ 무가당두유 190ml
- ☐ 서리태콩가루 2½큰술
- ☐ 소금 1/3큰술
- ☐ 통깨 1/2큰술

달걀은 낚싯줄을 이용하면 단면이 깔끔하게 잘려요.

1. 달걀은 식초, 소금을 넣은 물에 넣어 10분 이상 완숙으로 삶고, 찬물에 담갔다가 껍질을 벗겨 2등분한다.

2. 오이는 스파이럴라이저나 회전채칼, 채칼로 면처럼 길게 뽑고, 누들은 물기를 뺀다.

콩가루가 없을 땐 믹서에 두유 1팩(190ml), 두부 ½모(150g)를 함께 갈아서 콩물을 만들어도 좋아요.

3. 볼에 두유, 콩가루, 소금을 잘 섞어 콩물을 만든다.

통깨는 양 손바닥으로 누르듯 비벼가며 뿌리면 고소한 향이 풍부해져요.

4. 그릇에 오이면, 누들을 담아 콩물을 붓고, 통깨를 뿌린 다음, 달걀을 올린다.

초간단 다이어트 비빔면

 Morning Dinner

미역과 해초 등으로 만든 미역면은 시원한 국물의 면 요리나 비빔면 등에 잘 어울려
여름이면 즐겨 먹어요. 고추장 대신 고춧가루와 스리라차소스로 매콤하게 맛을 내고,
비빔면만 먹으면 아쉬우니까 훈제오리와 향긋한 깻잎도 곁들여요.
어느새 누구나 아는 완벽한 맛에 초간단 조리 시간을 자랑하는 간단 요리 완성!
아 참! 미역면은 뜨거운 면 요리엔 비린 맛이 날 수 있어서 추천하지 않아요.

Ingredients

- 미역면 1봉(180g)
- 훈제오리 100g
- 마늘 5개
- 깻잎 5장
- 고춧가루 약간
- 통깨 1/3큰술

● **소스**
- 청양고춧가루 1/2큰술
- 간장 1/2큰술
- 생들기름 1큰술
- 스리라차 1큰술
- 알룰로스 1큰술(혹은 올리고당)

1. 마늘은 얇게 편 썰고, 깻잎은 채 썬다.

2. 훈제오리는 뜨거운 물에 데친다.

3. 마른 팬에 데친 훈제오리, 마늘을 넣고 노릇하게 굽는다.

4. 미역면은 물에 헹궈 물기를 빼고 그릇에 담은 다음, 소스 재료, 깻잎을 넣고 잘 비빈다.

5. 그릇 가운데에 비빔면을 담고, 훈제오리, 마늘을 면 가장자리에 둘러 담아 고춧가루, 통깨를 뿌린다.

양배추치킨수프

● Morning　● Lunch　● Dinner　● Meal prep

SNS에서 소문난 바로 그 요리, 양배추치킨수프예요. 초간단 조리법에 비해 맛이 너무너무 좋아서 이미 많은 분들에게 칭찬받았죠. 위에 좋은 양배추가 듬뿍 들어간 데다, 닭가슴살, 오트밀, 약간의 치즈까지 넣어 탄단지(탄수화물, 단백질, 지방) 영양까지 완벽하게 채웠답니다. 환절기나 몸이 으슬으슬할 때 먹으면 기력까지 회복되는 마법의 디디미니표 레시피, 추천할 만하죠?

Ingredients

- [ ] 양배추 150g
- [ ] 완조리닭가슴살 100g
- [ ] 청양고추 1개
- [ ] 오트밀 3큰술(20g)
- [ ] 피자치즈 10g
- [ ] 동결건조마늘큐브 3개
  (혹은 다진 마늘 1/2큰술)
- [ ] 동결건조생강큐브 2개
  (혹은 다진 생강 1/3큰술)
- [ ] 유기농치킨스톡 1팩(14g)
- [ ] 물 2½컵
- [ ] 후춧가루 약간

1. 양배추, 닭가슴살은 한입 크기로 썰고, 고추는 어슷 썬다.

2. 냄비에 양배추, 고추, 마늘큐브, 생강큐브, 치킨스톡, 물을 넣고 강불에서 양배추가 익을 때까지 끓인다.

3. 닭가슴살, 오트밀, 피자치즈를 넣고 오트밀이 불 때까지 저어가며 끓인다.

4. 후춧가루를 뿌리고 재빨리 끓여 불을 끈다.

MEAL PREP TIP

'모든 재료 1회 분량 x n끼니'로 계산하여 만들되, 유기농치킨스톡은 70% 정도로 줄여 요리해요. 1~2일 내 먹을 것은 냄비째 데워 그때그때 덜어 먹고, 이후에 먹을 것은 소분해 냉장 혹은 냉동 보관해요.

MINI'S KICK

다진 마늘이나 다진 생강은 요리에 자주 쓰이지만, 냉장고에 오래 두면 갈변되거나 향이 날아가고 상할 염려가 있어요. 이런 재료를 항상 구비하기 어렵다면 동결건조한 다진 마늘과 생강을 활용하세요. 상해서 버릴 걱정 없이 쉽게 보관할 수 있어요.

바나나요거트카레수프

🟠 Morning 🟢 Lunch 🟣 Side dish

▶ 그릭요거트 활용(230쪽)

요리 이름만 봐선 살짝 의아할 수 있지만, 정말 맛있다고 자부하는 이색 요리, 바나나요거트카레수프를 소개해요. 바나나와 단호박의 단맛과 순두부와 그릭요거트의 크리미한 질감, 그리고 카레가루의 향긋함이 조화롭게 어우러져 오묘한 듯한 맛의 중독성이 상상 그 이상이랍니다. 동남아 요리를 좋아하는 분들에게 강력하게 추천합니다!

Ingredients / 2회 분량

- 바나나 1개
- 양파 1/2개(100g)
- 단호박 120g
- 고수 약간(혹은 깻잎)
- 순두부 200g
- 카레가루 2큰술
- 그릭요거트 1½큰술
  (30g/230쪽 참고)
- 물 2½컵
- 후춧가루 1/4큰술+약간
- 코코넛오일 1큰술
  (혹은 올리브유)

단호박을 썰기 힘들면 전자레인지로 1분 정도 가열해서 썰어요.

1. 바나나는 동그란 모양을 살려 얇게 썰고, 양파, 단호박, 고수는 작은 한입 크기로 썬다.

2. 달군 냄비에 코코넛오일을 두르고 양파가 반투명해질 때까지 중불에서 볶는다.

3. 물, 단호박, 바나나를 넣고 바나나, 단호박이 뭉그러질 때까지 끓이다가 순두부, 카레가루를 넣어 저어가며 끓인다.

4. 요거트 1큰술, 후춧가루 1/4큰술을 넣고 저어가며 살짝 끓여 불을 끈다.

5. 그릇에 카레의 절반 분량을 담고 요거트 1/2큰술, 고수를 올리고 후춧가루를 약간 뿌린다.

LOW CARBOHYDRATE HIGH PROTEIN DIET RECIPES

PART 5

외식이 불안하면 직접 만든다!
테이크아웃 속세 요리

돈가스, 김밥, 닭갈비, 분식, 파스타, 그리고 튀김까지
다이어트의 적이었던 고칼로리 속세 음식을 이제 감량 중에도
맘껏 먹을 수 있어요. 시판 음식의 유혹과 싸우느라 짜증을 쌓아두기보다는
건강한 재료로 속세 음식을 직접 만들어 먹으며
스트레스를 해소하기로 했거든요. 외식이 예전처럼 자유롭지 못한 요즘,
넉넉하게 만들어서 가족과 함께 즐기기 좋고
도시락으로도 안성맞춤인, 절대 질리지 않는 인생 레시피를 만나볼까요?

양배추팔뚝김밥

🟠 Morning 🟢 Lunch 🔵 Dinner

김밥 한 줄로는 성난 배고픔과 식욕을 잠재울 수 없다고요? 그렇다면 미니표 팔뚝김밥을 추천해요! 김밥 속에 데친 양배추를 가득 채워서 포만감이 어마어마하거든요. 다이어터의 냉장고 속 친근한 재료로 만든 김밥이지만, 담백·고소·상큼한 맛의 재료 덕분에 매일 먹어도 질리지 않아요. 입 안 가득 행복해지는 순간, 여러분의 위장도 편안하게 지켜줄 거예요.

Ingredients

- ☐ 김밥김 1½장
- ☐ 곤약밥 1팩(150g)
- ☐ 양배추 200g
- ☐ 완조리닭가슴살 140g
- ☐ 배추김치 50g
- ☐ 슬라이스치즈 1장
- ☐ 생들기름 1/3큰술
- ☐ 검은깨 약간

1. 양배추는 깨끗이 씻어 끓는 물에 데치고 물기를 짠다.

2. 닭가슴살은 결대로 찢고, 김치는 줄기째 준비하고, 치즈는 3등분한다.

> 김치가 너무 짜거나 양념이 많이 묻었다면 헹궈서 사용해요.

3. 김 1/2장 끝부분에 치즈를 나란히 올리고, 나머지 김 1장을 치즈 위에 이어 붙인다.

4. 김 위에 곤약밥을 펴 올리고 양배추 3장-김치-닭가슴살-양배추 1장순으로 올려 김밥을 만다.

> 김밥을 말고 김이 붙는 부분을 바닥과 맞닿게 잠시 두면, 재료의 수분으로 김이 잘 고정돼요.

5. 생들기름을 김밥 윗부분과 칼에 바르고 먹기 좋게 썰어 검은깨를 뿌린다.

다이어트닭갈비

🟠 Morning 🟢 Lunch 🔵 Dinner

언제 먹어도 맛있는 닭갈비를 식단 관리하면서도 즐겨봐요. 닭 부위 중
단백질 함량이 가장 높은 닭가슴살로 단백질을 든든하게 보충하고, 닭갈비소스에
많이 들어가는 고추장이나 물엿 등을 넣지 않아 당질이 낮은 소스를 만들어요.
고구마, 양배추, 깻잎 등 채소를 듬뿍 넣고 만들면 넉넉한 포만감에 시판 닭갈비처럼
매콤하고 먹음직스러운 닭갈비를 완성할 수 있답니다.

Ingredients

- 생닭가슴살 130g
- 양배추 100g
- 고구마 1개(100g)
- 청양고추 2개
- 양파 1/4개(50g)
- 깻잎 7장
- 통깨 약간
- 올리브유 1/2큰술

● 닭갈비양념

- 다진 마늘 1/2큰술
- 동결건조생강큐브 2개
  (혹은 다진 생강 1/4큰술)
- 카레가루 1/3큰술
- 청양고춧가루 1큰술
- 간장 2/3큰술
- 알룰로스 2큰술
  (혹은 올리고당, 꿀 1½큰술)
- 물 2/3컵

1. 양배추, 생닭가슴살은 큼직하게 썰고, 고구마는 두껍게 채 썰고, 고추는 어슷 썰고, 양파, 깻잎은 채 썬다.

2. 닭갈비양념 재료는 잘 섞는다.

3. 달군 팬에 올리브유를 두르고 양배추, 고구마, 고추, 양파를 넣어 양파가 반투명해질때까지 볶는다.

4. 생닭가슴살, 닭갈비양념을 넣고 저어가며 졸이듯 볶는다.

5. 깻잎 2/3 분량을 넣고 재빨리 볶는다.

6. 그릇에 담아 깻잎을 올리고 통깨를 뿌린다.

두부면스프링롤 #당근라페스프링롤

Morning Lunch Dinner

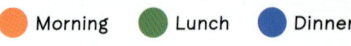

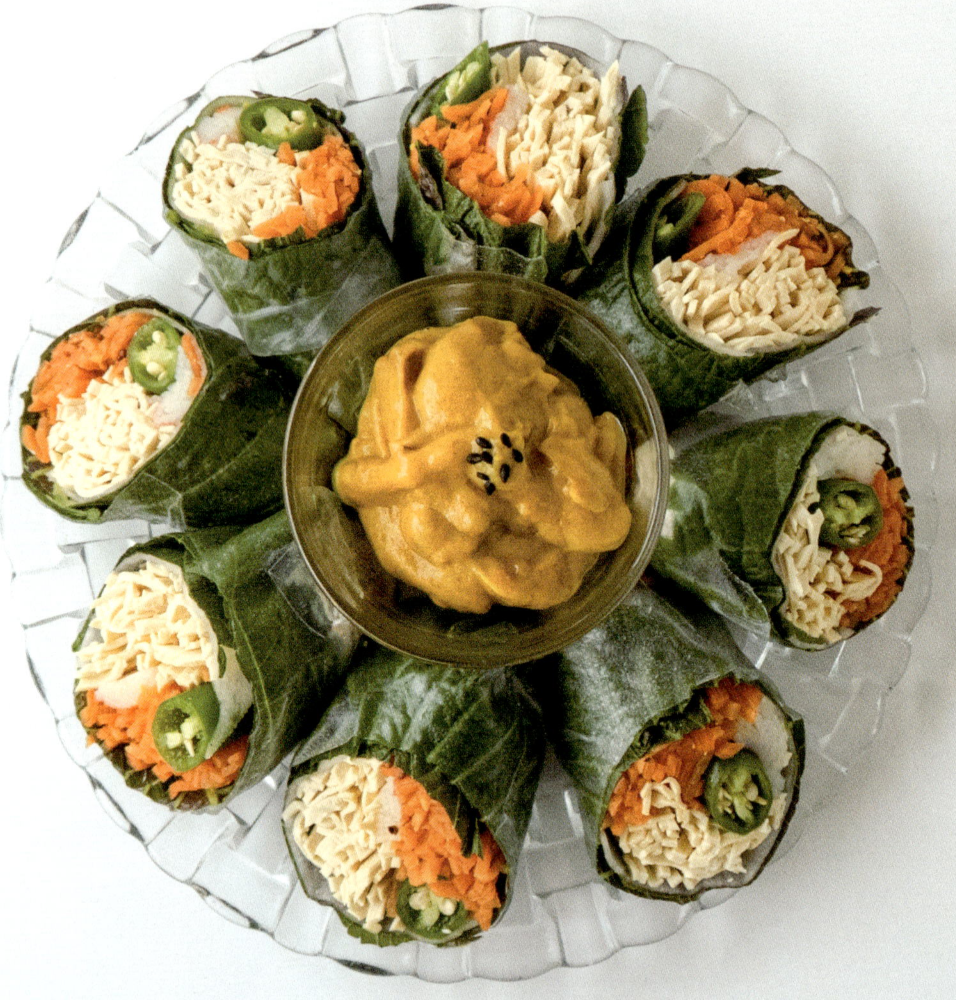

▶ 당근라페 활용(246쪽)

쌀국수면이 들어가는 스프링롤을 살은 빠지되 영양을 골고루 챙길 수 있도록 쌀국수 대신 두부면으로 대체해서 만들어요. 당근라페와 깻잎과 게맛살을 조합해 현미라이스페이퍼에 말아내고, 시판 소스보다 건강하게 만든 땅콩소스를 찍어 먹으면 정말 맛있어요. 불을 쓰지 않아서 편리하고, 먹기도 간편해서 홈 파티 메뉴로도 좋아요.

Ingredients

- ☐ 현미라이스페이퍼 4장
- ☐ 두부면 1팩(100g)
- ☐ 당근라페 100g(246쪽 참고)
- ☐ 게맛살 1개
- ☐ 깻잎 8장
- ☐ 청양고추 4개
- ☐ 쌈무 4장

● 땅콩소스
- ☐ 100% 무가당땅콩버터 1/2큰술
- ☐ 식물성마요네즈 1/2큰술
  (혹은 하프마요네즈)
- ☐ 옐로머스터드 2/3큰술
- ☐ 알룰로스 1/2큰술(혹은 올리고당)

1. 깻잎은 씻어 물기를 빼고, 고추는 꼭지를 뗀다.

2. 두부면은 물에 헹궈 물기를 빼고, 게맛살은 결대로 4등분한다.

3. 라이스페이퍼 1장을 따뜻한 물에 담갔다 빼 펼치고, 그 위에 깻잎 2장-쌈무 1장-두부면 1/4 분량-게맛살 1조각-고추 1개-당근라페 1/4 분량순으로 올린다.

같은 방법으로 롤 4개를 만들어 3~5분간 냉장실에 보관해요. 바로 썰면 라이스페이퍼가 촉촉해서 찢어질 수 있어요.

4. 라이스페이퍼는 그대로 둔 채 깻잎을 힘주어 잡아 롤을 말고, 다시 앞쪽으로 가져와 라이스페이퍼와 함께 잡고 말다가 라이스페이퍼의 좌우를 접고 만다.

5. 땅콩소스 재료는 잘 섞는다.

6. 스프링롤을 비스듬히 2등분해 그릇에 담고 땅콩소스를 곁들인다.

진미채호두김밥

🟠 Morning　🟢 Lunch

빨간 진미채볶음은 우리 가족 식탁의 밥도둑 메뉴죠. 이 진미채는 오징어의 수분을 쫙 날려서 만든 고단백 식품이라 소량만 잘 활용하면 맛있는 다이어트 김밥을 만들 수 있어요. 짭짤한 맛이 좋은 진미채에 고소한 호두, 물엿 대신 달콤한 알룰로스를 넣고 볶아서 김밥 위에 올려요. 식감이 쫄깃하고 고추 덕분에 매콤한 맛이 더해져 자꾸 먹고 싶어지는 고급 김밥집에 버금가는 메뉴 완성!

Ingredients

- ☐ 김밥김 1½장
- ☐ 현미곤약밥 1팩(150g)
- ☐ 깻잎 15장
- ☐ 청양고추 2개
- ☐ 달걀 2개
- ☐ 슬라이스치즈 1장
- ☐ 쌈무 3장
- ☐ 생들기름 1/3큰술
- ☐ 올리브유 1/3큰술

● 호두진미채

- ☐ 호두 5알
- ☐ 진미채 30g
- ☐ 물 2큰술
- ☐ 알룰로스 1/2큰술(혹은 올리고당)

1. 깻잎은 씻어 물기를 빼고, 고추는 꼭지를 떼고, 치즈는 3등분한다.

팬에 올리브유를 두르고 강불에서 달구다가 불을 끄고 만들면 달걀을 여유롭게 말 수 있어요. 빈틈없이 동그란 달걀말이를 만들려면 김밥에 잠시 말아둬요.

2. 달걀은 잘 풀고, 달군 팬에 올리브유를 두르고 달걀물을 부어 달걀말이를 만든다.

3. 팬에 호두진미채 재료를 한꺼번에 넣고 약불에서 살짝 노릇해질 때까지 볶는다.

4. 김 1/2장 끝부분에 치즈를 나란히 올리고, 나머지 김 1장을 치즈 위에 이어 붙인다.

5. 김 위에 곤약밥을 펴 올리고 깻잎 8장-쌈무-호두진미채-달걀말이-고추-깻잎 7장순으로 올려 김밥을 만다.

6. 생들기름을 김밥 윗부분과 칼에 바르고 먹기 좋게 썬다.

디디미니분식세트 #다이어트김말이

 Morning　● Lunch

떡볶이 국물에 찍어 먹는 김말이 맛은 얘기 안 해도 다 알잖아요? 하지만 다이어트할 땐 탄수화물과 지방 덩어리인 당면김말이 대신, 두부면을 채우고 현미라이스페이퍼로 튀김옷의 식감을 살린 다이어트 김말이를 만들 거예요. 설탕과 고추장을 넣지 않은 건강한 떡볶이소스에 김말이와 삶은 달걀까지 추가하면 완벽한 분식 세트! 다이어트할 때도 분식을 먹을 수 있어서 너무 행복해요.

Ingredients

● 다이어트김말이
- 김밥김 2장
- 현미라이스페이퍼 6장
- 두부면 1팩
- 청양고추 4개
- 삶은 달걀(반숙란) 1개
- 올리브유 1/2큰술

● 떡볶이국물소스
- 대파 44cm(60g)
- 타피오카전분 1/4큰술
- 청양고춧가루 2/3큰술
- 다진 마늘 1/2큰술
- 스리라차소스 1/2큰술
- 알룰로스 1큰술(혹은 올리고당)
- 물 1컵

1. 두부면은 물에 헹궈 물기를 빼고, 고추는 꼭지를 떼고, 떡볶이국물소스의 대파는 4cm 길이로 썬다

2. 김 1장 위에 두부면 절반 분량을 펼쳐 올린 다음, 고추 2개를 나란히 올려 김밥을 말고, 같은 방법으로 김밥 한 줄을 더 만든다.

3. 두부면김밥 한 줄을 3등분해서 총 6개로 만든다.

4. 라이스페이퍼는 따뜻한 물에 1장씩 담갔다 꺼내 펼치고, 썰어놓은 김밥을 1개씩 올려 돌돌 말아 김말이 6개를 만든다.

달군 팬에 올리브유 1큰술을 조금씩 나누어 넣어가며 사방을 굽듯이 익혀도 좋아요

5. 김말이에 올리브유를 바르고 에어프라이어 180℃에서 10분, 뒤집어서 5분간 굽는다.

6. 냄비에 대파를 제외한 떡볶이국물소스 재료를 넣어 잘 섞고, 대파를 넣어 대파가 익을 때까지 저어가며 끓인다.

냄비에 달걀, 물, 소금, 식초를 넣고 물이 끓고 나서 10분간 가열하면 반숙, 15분간 가열하면 완숙이 돼요

7. 그릇에 떡볶이국물소스를 담고 김말이를 올린 다음, 삶은 달걀을 곁들인다.

다이어트김치전

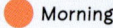 Morning   Lunch

허여멀건 김치전은 처음 본다고요? 맛이 없을 것 같다고요? 디디미니만 믿고
일단 만들어보세요! 혈당을 빠르게 올리는 정제 탄수화물인 밀가루 대신,
식물성 단백질과 불포화지방, 식이섬유가 풍부한 아몬드가루로 만들어서
다이어트에도 100점, 영양도 100점을 주고 싶은 김치전이에요. 김치전은 청양고추로
맵싸한 맛을 내고 양배추로 식감과 포만감까지 살려서 식어도 맛있답니다.

Ingredients

- ☐ 배추김치 50g
- ☐ 양배추 100g
- ☐ 청양고추 2개
- ☐ 달걀 2개
- ☐ 유기농옥수수통조림 1큰술
- ☐ 아몬드가루 2큰술(23g)
- ☐ 올리브유 1큰술

1. 김치, 양배추는 잘게 썰고, 고추는 얇게 어슷 썬다.

2. 달걀은 잘 풀고, 김치, 양배추, 고추, 옥수수, 아몬드가루를 잘 섞어 김치전 반죽을 만든다.

3. 달군 팬에 올리브유를 두르고 반죽을 4등분해 올려 중불에서 앞뒤로 노릇하게 굽는다.

MINI'S KICK

아몬드가루는 밀가루보다 칼로리는 높지만, 순탄수화물 (탄수화물에서 식이섬유를 제외한 성분) 함유량이 낮아 섭취 시 밀가루처럼 혈당이 급격히 올라가지 않아요. 그래서 다이어트할 때 밀가루를 대신하기 좋아요.

참치요거트김밥

● Morning　● Lunch

▶ 그릭요거트 활용(230쪽)

참치와 마요네즈가 듬뿍 든 참치김밥은 뻑뻑하지 않고 부드러워서 누구나 사랑하는 김밥이 아닐까 싶어요. 우리는 마요네즈 대신 그릭요거트와 발사믹크림으로 더 건강하게 맛을 낸 참치요거트김밥을 말아봐요. 참치의 기름은 최대한 제거하고 쫀쫀한 그릭요거트와 풍부한 맛의 발사믹크림을 섞으면 마요네즈보다 맛있고 크림치즈보다 농후한 정말 고급스러운 김밥 속이 만들어져요.

Ingredients

- ☐ 김밥김 1장
- ☐ 곤약밥 1팩(150g)
- ☐ 참치통조림 1개(100g)
- ☐ 깻잎 7장
- ☐ 아보카도 1/2개
- ☐ 파프리카 1/4개(45g)
- ☐ 쌈무 3장
- ☐ 그릭요거트 3큰술(60g/230쪽 참고)
- ☐ 유기농발사믹크림 1/2큰술
- ☐ 생들기름 1/3큰술

1. 참치는 숟가락으로 눌러 기름을 뺀다.

2. 깻잎은 씻어 물기를 빼고, 아보카도는 긴 방향으로 얇게 썰고, 파프리카는 길게 채 썬다.

3. 참치, 요거트, 발사믹크림은 잘 섞어 참치그릭샐러드를 만든다.

김은 세로로 길게 놓고 말면 김밥을 더 쉽고 빵빵하게 말 수 있어요.

4. 김 위에 곤약밥을 펴 올리고 깻잎 4장-아보카도-쌈무-파프리카-참치그릭샐러드-깻잎 3장순으로 올려 김밥을 만다.

5. 생들기름을 김밥 윗부분과 칼에 바르고 먹기 좋게 썬다.

닭가슴살치즈가스 #계까스

● Morning   ● Lunch   ● Dinner

오늘부턴 속세 치즈돈가스의 맛을 능가할 다이어트 치즈치킨가스를 만들어 먹자고요! 생닭가슴살을 포를 떠서 사이사이에 피자치즈를 소량 넣고, 튀김가루와 빵가루 대신 현미라이스페이퍼와 통밀과자가루를 묻혀 구워내요. 겉은 바삭, 속은 쫄깃한데 육즙은 가득해서 감량 중인 걸 잊을 만큼 감동적인 맛을 선사할 거예요.

Ingredients

- ☐ 생닭가슴살 164g
- ☐ 통밀과자 3개(22g)
- ☐ 방울토마토 3개
- ☐ 채소믹스 15g
- ☐ 피자치즈 20g
- ☐ 현미라이스페이퍼 2장
- ☐ 돈가스소스 1½큰술
- ☐ 허브솔트 약간
- ☐ 올리브유스프레이 약간

1. 생닭가슴살은 얇게 포 뜨듯 2번 저며 한 덩이로 펼치고 허브솔트를 뿌린다.

> 통밀과자를 비닐팩에 넣고 밀대나 병으로 두들겨 잘게 부수어도 좋아요.

2. 믹서에 통밀과자를 넣어 도톰한 빵가루 크기로 갈고, 토마토, 채소믹스는 씻어 체에 밭쳐 물기를 뺀다.

3. 라이스페이퍼를 따뜻한 물에 담갔다 펼쳐 2장을 겹치고, 그 위에 닭가슴살을 올려 가운데에 피자치즈를 얹는다.

4. 닭가슴살을 반으로 접은 다음, 라이스페이퍼도 닭 위로 반을 접어 감싸고 가장자리를 꼼꼼히 붙인다.

MINI'S KICK

돈가스소스를 고를 때는 원재료를 확인하고 첨가물이 들어 있지 않은 유기농 제품을 구매해요.

> 달군 팬에 올리브유 1큰술을 두르고 중약불에서 타지 않도록 뒤집어가며 충분히 구워도 좋아요.

5. 닭가슴살에 통밀과자를 묻히고 올리브유를 뿌린 다음, 에어프라이어 180℃에서 10분, 뒤집어서 10분간 굽는다.

6. 그릇에 치킨가스, 채소믹스, 토마토를 담고 돈가스소스를 곁들인다.

마카다미아멸치김밥

 Morning Lunch

부드러운 식감의 견과류인 마카다미아와 멸치를 함께 볶으면 고급스러운 맛의
마카다미아멸치볶음이 완성돼요. 멸치의 짭짤함 덕분에 별다른 양념이 필요 없고
딱 꿀 반 큰술만 넣으면 충분하죠. 그냥 먹어도 맛있는 밥반찬이지만, 김밥 속에
달걀말이와 향긋한 깻잎, 매콤한 할라페뇨까지 함께 넣어 만들면 별미가 따로 없어요.

Ingredients

- ☐ 김밥김 1장
- ☐ 현미밥 80g
- ☐ 깻잎 8장
- ☐ 빨간파프리카 1/4개(65g)
- ☐ 슬라이스치즈 1장
- ☐ 달걀 2개
- ☐ 할라페뇨 7개(18g)
- ☐ 생들기름 1/3큰술
- ☐ 올리브유 1/3큰술

● **마카다미아멸치볶음**
- ☐ 멸치 20g
- ☐ 마카다미아 20g
- ☐ 꿀 1/2큰술
  (혹은 알룰로스, 올리고당)

1. 마른 팬에 마카다미아멸치볶음 재료를 넣고 중약불에서 타지 않게 볶는다.

2. 깻잎은 씻어 물기를 빼고, 파프리카는 길게 채 썰고, 치즈는 3등분한다.

3. 달걀은 잘 풀고, 달군 팬에 올리브유를 두르고 달걀물을 부어 지단을 만든다.

김은 세로로 길게 놓고 말면 김밥을 더 쉽고 빵빵하게 말 수 있어요.

4. 김 가운데 부분에 치즈를 나란히 올리고 위아래로 현미밥을 펴 올린 다음, 그 위에 지단을 올린다.

5. 깻잎 4장-파프리카-마카다미아멸치볶음-할라페뇨-깻잎 4장순으로 올려 김밥을 만다.

6. 생들기름을 김밥 윗부분과 칼에 바르고 먹기 좋게 썬다.

그릭샐러드김밥

● Morning ● Lunch ● Dinner

▶ 그릭요거트 활용(230쪽)

저를 믿고 꼭 도전하길 권하는 김밥이랍니다. 우선 게맛살, 옥수수, 양파에 꾸덕꾸덕한 요거트를 섞어 그냥 먹어도 맛과 식감이 완벽한 그릭샐러드를 만들어요. 김 위에 밥 대신 달걀지단을 깔고 그릭샐러드와 로메인, 쌈무 등을 층층이 덮으면 초보자도 쉽게 말아낼 수 있는 촉촉하고 부드러운 김밥이 만들어져요.

Ingredients

- ☐ 김밥김 1장
- ☐ 로메인 7장(혹은 청상추)
- ☐ 양파 1/4개(55g)
- ☐ 게맛살 2개
- ☐ 달걀 2개
- ☐ 유기농옥수수통조림 2큰술
- ☐ 쌈무 4장
- ☐ 그릭요거트 5큰술(100g/230쪽 참고)
- ☐ 생들기름 1/3큰술
- ☐ 올리브유 1/2큰술

1. 로메인은 씻어 물기를 빼고, 양파는 채 썰고, 게맛살은 결대로 찢는다.

2. 달걀은 잘 풀고, 달군 팬에 올리브유를 두르고 달걀물을 부어 지단을 만든 다음, 한 김 식힌다.

3. 게맛살, 옥수수, 양파, 요거트는 잘 섞어 그릭샐러드를 만든다.

김밥을 말고 김이 붙는 부분을 바닥과 맞닿게 잠시 두면, 재료의 수분으로 김이 잘 고정돼요.

4. 김 위에 지단-로메인 4장-쌈무-그릭샐러드-로메인 3장순으로 올려 김밥을 단단하게 만다.

5. 생들기름을 김밥 윗부분과 칼에 바르고 먹기 좋게 썬다.

다이어트두부강정

🟠 Morning 🔵 Dinner

단백질이 가득한 두부는 한국인 모두에게 사랑받는 식재료이자 다이어터에게도 매우 훌륭한 단백질 창고죠. 그냥 먹어도 맛있지만, 물기를 빼고 에어프라이어에 구우면 쫄깃쫄깃한 고단백 두부강정을 만들 수 있어요. 아몬드로 고소한 맛을 추가하고, 건강하게 만든 두부강정소스에 비벼내면 채식 메뉴라고는 생각지 못할 만큼 입안 가득 쫀득한 맛과 매콤하고 새콤한 소스 맛에 반할 거예요.

Ingredients

- 두부 1모(300g)
- 아몬드 10알
- 검은깨 약간

● 소스
- 청양고춧가루 1/3큰술
- 다진 마늘 1/2큰술
- 케첩 1큰술
- 스리라차소스 1/2큰술
- 알룰로스 1½큰술
  (혹은 올리고당 1큰술)
- 검은깨 약간
- 파슬리가루 약간

1. 두부는 키친타월로 눌러 물기를 빼고 한입 크기로 썬다.

2. 종이포일 위에 두부를 올리고 에어프라이어 180℃에서 20분, 뒤집어서 10분간 굽는다.

3. 소스 재료는 잘 섞고, 아몬드는 굵게 다진다.

4. 팬에 소스, 두부, 아몬드를 넣고 골고루 볶아 그릇에 담고 검은깨를 뿌린다.

채 썬 양배추샐러드나 오이, 파프리카 등의 채소를 곁들여도 좋아요.

닭가슴살공심채볶음

🟠 Morning 🔵 Dinner 🟣 Meal prep

동남아 식당에 가면 항상 시키는 공심채볶음이에요. 모닝글로리라고도 불리는 공심채는 가열해서 볶아도 식감이 아삭아삭 살아 있어 제가 정말 좋아하는 재료죠. 이제는 예전보다 쉽게 구할 수 있는 재료이니 집에서도 요리해 먹으며 동남아에 놀러 온 듯한 기분을 내봐요. 닭가슴살과 흰강낭콩으로 건강한 단백질과 탄수화물을 보태고, 마늘과 굴소스로 감칠맛을 강조하면 요리가 순식간에 끝나요!

Ingredients

- ☐ 생닭가슴살 113g
- ☐ 공심채 100g
- ☐ 양파 1/4개(45g)
- ☐ 마늘 3개
- ☐ 흰강낭콩통조림 2큰술
- ☐ 청양고춧가루 1/3큰술
- ☐ 굴소스 1/2큰술
- ☐ 알룰로스 1/2큰술
  (혹은 올리고당)
- ☐ 후춧가루 약간
- ☐ 크러쉬드레드페퍼 약간
- ☐ 올리브유 1/2큰술

공심채 대신 시금치를 써도 좋아요.

1. 공심채는 3cm 길이로 썰고, 양파는 채 썰고, 마늘은 편 썰고, 생닭가슴살은 한입 크기로 썬다.

2. 달군 팬에 올리브유를 두르고 마늘, 양파를 볶다가 공심채 줄기, 생닭가슴살을 넣어 볶는다.

3. 고춧가루, 굴소스, 알룰로스를 넣어 볶다가 공심채 잎, 흰강낭콩을 넣고 재빨리 볶는다.

4. 그릇에 담고 후춧가루, 크러쉬드레드페퍼를 뿌린다.

MEAL PREP TIP

모든 재료를 볶아서 익히는 볶음 요리는 냉동 후에 해동해도 맛의 차이가 거의 없어 밀프렙하기 좋아요. '모든 재료 1회 분량 x n끼니'로 계산하여 요리하되, 굴소스, 고춧가루, 알룰로스는 70% 정도로 줄이고, 올리브유는 50%만 써도 충분해요. 크고 깊은 냄비에 볶아 소분한 다음, 2~3일 내 먹을 것은 냉장실에, 이후에 먹을 것은 냉동실에 보관해요.

MINI'S KICK

콩을 직접 삶기 귀찮거나 바쁠 때는 통조림을 활용해요. 특히 흰강낭콩에는 식이섬유, 단백질의 일종인 파세올라민, 그리고 안토시아닌이 풍부해서 다이어트 요리 시 매우 유용해요. 통조림을 구매할 땐 보존료가 들어가 있지 않은 건강한 제품을 선택해요.

당근라페이퍼김밥

● Morning   ● Lunch   ● Dinner

▶ 당근라페 활용(246쪽)

현미라이스페이퍼와 김을 합체해서 쫀득한 식감이 재밌는 아이디어 김밥을 소개해요.
밥 대신 넣은 라이스페이퍼가 쫄깃함을, 새콤한 당근라페가 아삭한 맛을 줘요. 이뿐인가요?
아보카도와 달걀말이가 부드러운 맛을 책임지죠. 통으로 들어간 청양고추는 김밥의 킥!
특히 라이스페이퍼를 김에 깔면 김이 쉽게 찢어지지 않아 초보자도 김밥을 쉽게 말 수 있어요.

Ingredients

- ☐ 김밥김 1장
- ☐ 현미라이스페이퍼 4장
- ☐ 당근라페 100g(246쪽 참고)
- ☐ 아보카도 1/2개
- ☐ 청양고추 2개
- ☐ 달걀 2개
- ☐ 쌈무 3장
- ☐ 생들기름 1/3큰술
- ☐ 올리브유 1/2큰술

1. 아보카도는 얇게 썰고, 고추는 꼭지를 떼고, 달걀은 잘 푼다.

2. 팬에 올리브유를 두르고 강불로 달궈 불을 끈 다음, 달걀물을 부어 돌돌 말아내고, 끝부분을 말 때쯤 다시 강불로 켜 달걀말이가 잘 밀착되도록 마저 익힌다.

> 계속 불을 켜고 만들 때보다 여유 있게, 부드럽고 예쁜 달걀말이를 만들 수 있어요.

3. 라이스페이퍼 3장은 따뜻한 물에 잠시 담갔다 빼서 불리고, 김 위에 라이스페이퍼 3장을 겹쳐 올린다.

> 김은 거친 면을 위로, 길이가 긴 면을 세로로 두고 사용해요.

4. 아보카도-쌈무-달걀말이-고추-당근라페-불린 라이스페이퍼 1장 순으로 올려 김밥을 만다.

> 김밥을 말고 김이 붙는 부분을 바닥과 맞닿게 잠시 두면, 재료의 수분으로 김이 잘 고정돼요.

5. 생들기름을 김밥 윗부분과 칼에 바르고 먹기 좋게 썬다.

참치양배추롤

🟠 Morning 🟢 Lunch 🔵 Dinner

한국인이 좋아하는 대표 소스 된장에 참치와 밥, 생들기름을 넣어 구수하게 비비고, 데쳐서 달콤한 맛을 살린 양배추에 참치된장비빔밥을 넣고 돌돌 말아냈어요. 양배추만 데치면 휘리릭 만들 수 있는 초간편 레시피인 데다, 비빔밥의 단짠단짠한 맛과 쌈무의 상큼함, 청양고추의 매콤한 맛의 조합이 먹을수록 잘 어울려요. 속 편하고 간편하게 한입에 쏙쏙 먹어요.

Ingredients

- ☐ 김밥김 1장
- ☐ 잡곡밥 100g
- ☐ 양배추 210g
- ☐ 참치통조림 1개(100g)
- ☐ 청양고추 2개
- ☐ 쌈무 3장
- ☐ 다진 마늘 1/3큰술
- ☐ 저염된장 1/2큰술
  (혹은 일반 된장 1/3큰술)
- ☐ 생들기름 1큰술
- ☐ 검은깨 1/3큰술

1. 양배추는 끓는 물에 넣고 숨이 죽을 때까지 2분 정도 데쳐 물기를 짠다.

2. 참치는 숟가락으로 눌러 기름을 빼고, 고추는 꼭지를 뗀다.

3. 잡곡밥, 참치, 다진 마늘, 된장, 생들기름은 잘 비벼 참치비빔밥을 만든다.

4. 양배추는 김 크기로 겹겹이 겹쳐 깔아 그 위에 김을 올리고, 참치비빔밥-고추-쌈무순으로 올려 김밥을 만다.

5. 먹기 좋게 썰고 검은깨를 뿌린다.

두부면김밥

● Morning　● Dinner

▶ 다이어트피클 활용(240쪽)

두부면의 물기를 탈탈 털어내면 밥을 대신해 김밥에 넣을 수 있어요. 그렇게 만든
김밥은 저탄수 고단백 김밥이 되겠죠? 여기에 어육 함량이 높은 게맛살을 넣어
감칠맛과 단백질을 추가하고, 비트를 넣은 핑크빛 다이어트피클,
볶아서 베타카로틴 흡수를 높인 채 썬 당근까지 넣어 맛과 감량을 책임질게요.
아리따운 핑크색을 뽐내는 두부면김밥이면 어디에서라도 주목받을 거예요.

Ingredients

- ☐ 김밥김 1장
- ☐ 두부면 1팩(100g)
- ☐ 깻잎 8장
- ☐ 청양고추 2개
- ☐ 당근 1/3개(95g)
- ☐ 게맛살 3개
- ☐ 다이어트피클 60g(240쪽 참고)
- ☐ 슬라이스치즈 1장
- ☐ 생들기름 1/3큰술
- ☐ 올리브유 1/2큰술

1. 깻잎은 씻어 물기를 빼고, 고추는 꼭지를 떼고, 두부면은 물에 헹궈 체에 밭쳐 물기를 뺀다.

2. 당근은 채칼로 채 썰고, 달군 팬에 올리브유를 둘러 채 썬 당근을 넣고 살짝 볶는다.

3. 게맛살은 결대로 찢고, 피클은 길게 썰고, 치즈는 3등분한다.

4. 김 위에 면두부를 펴 올리고 깻잎 4장-치즈-게맛살-피클-고추-당근-깻잎 4장순으로 올려 김밥을 만다.

5. 생들기름을 김밥 윗부분과 칼에 바르고 먹기 좋게 썬다.

무말랭이참외김밥

● Morning ● Lunch

오독오독 중독적인 식감을 가진 밥도둑 무말랭이무침은 생각 없이 먹다 보면
꽤 많이 먹게 돼요. 하지만 적당량만 활용하면 다이어트 김밥에 한 줄기 빛이 되는
재료이기도 하죠. 저는 아삭한 참외도 깨끗이 씻어 껍질째로 함께 넣을 거예요.
참외 껍질은 칼륨이 풍부해서 나트륨 배출을 돕고, 달콤하고 아삭한 맛이 좋거든요.
정성스러운 엄마 김밥 같으면서도 이색적인 김밥이니 도전해보세요.

Ingredients

- ☐ 김밥김 1장
- ☐ 잡곡밥 90g
- ☐ 참외 1/4개(54g)
- ☐ 무말랭이무침 35g
- ☐ 참치통조림 1개(100g)
- ☐ 깻잎 10장
- ☐ 청양고추 2개
- ☐ 슬라이스치즈 1장
- ☐ 생들기름 1/3큰술

> 참치는 체에 밭쳐 뜨거운 물을 붓고 기름을 완벽히 빼도 좋아요.

1. 참치는 숟가락으로 눌러 기름을 빼고, 깻잎은 씻어 물기를 빼고, 고추는 꼭지를 뗀다.

2. 참외는 베이킹소다나 식초 등으로 깨끗이 씻어 씨를 제거해 껍질째로 채 썰고, 치즈는 3등분한다.

3. 김 가운데 부분에 치즈를 나란히 올리고 위아래로 잡곡밥을 펴 올린다.

4. 깻잎 5장-무말랭이무침-참치-참외-고추-깻잎 5장순으로 올려 김밥을 만다.

5. 생들기름을 김밥 윗부분과 칼에 바르고 먹기 좋게 썬다.

닭근위된장웜샐러드

● Dinner

포장마차에서 안주로 즐기던 닭똥집이 다이어트 식단에 웬 말이냐고요?
닭근위는 100g당 17g의 단백질을 비롯해 비타민 B, 철분까지 함유한 고단백
건강식품이에요. 술안주로 먹는 닭근위는 보통 기름을 넉넉하게 넣고 조리해
누린내를 없애지만, 우리는 데쳐서 담백하게 먹어요. 오독오독 씹는 맛에 고소한
된장과 생들기름 향이 어우러진 초간단 매력 만점의 맛있는 웜샐러드를 만나봐요.

Ingredients

- [ ] 닭근위 150g
- [ ] 셀러리 1대(57g, 42cm)
- [ ] 양파 1/2개(95g)
- [ ] 마늘 8개
- [ ] 검은깨 약간
- [ ] 올리브유 1/2큰술
- [ ] 후춧가루 약간

● 소스
- [ ] 다진 마늘 1/3큰술
- [ ] 된장 1/3큰술
- [ ] 생들기름 1큰술

닭근위의 겉부분이 익어 살짝 쪼그라들때까지 데쳐요.

1. 닭근위는 손으로 비며가며 물에 깨끗이 씻고 끓는 물에 넣어 1분 정도 데친다.

2. 셀러리, 양파는 한입 크기로 썰고, 마늘은 편 썬다.

3. 데친 닭근위는 긴 쪽을 세로 방향으로 두어 2등분하고, 소스 재료는 잘 섞는다.

4. 달군 팬에 올리브유를 두르고 중불에서 양파, 마늘을 볶고, 양파가 반투명해지면 닭근위, 셀러리를 넣어 닭근위가 노릇해질 때까지 충분히 볶는다.

5. 소스를 넣고 후춧가루를 뿌려 재빨리 섞어가며 볶고 불을 끈다.

6. 그릇에 담아 검은깨를 뿌린다.

리코타연어샐러드

● Morning ● Dinner

▶ 리코타치즈 활용(232쪽)

훈제연어와 리코타치즈의 조합은 샐러드 맛집에 무조건 존재하는 단골 메뉴죠.
그만큼 맛있다는 뜻이겠죠? 저는 여기에 청포도의 새콤달콤함을 더해
조금 더 완벽한 맛의 조화를 꾀했어요. 플레이팅 할 때도 알록달록한 재료를
번갈아 올리면 밖에서 즐기는 샐러드 못지않은 비주얼을 만들 수 있으니
즐거운 마음으로 예쁘게 장식해봐요.

Ingredients

- 리코타치즈 2큰술(34g/232쪽 참고)
- 훈제연어 120g
- 채소믹스 100g
- 양파 1/5개(34g)
- 오이 1/4개(60g)
- 청포도 4알
- 블랙올리브 6개
- 햄프시드 1/3큰술

● **청포도드레싱(2회 분량)**
- 청포도 4알
- 허브솔트 1/4큰술
- 레몬즙 1큰술
- 올리브유 2큰술

1. 채소믹스는 씻어 체에 밭쳐 물기를 빼고, 양파는 채 썰고, 오이는 필러로 길고 넓적하게 썰고, 재료의 청포도는 2등분하고, 청포도드레싱의 청포도는 잘게 썬다.

2. 청포도드레싱 재료는 잘 섞는다.

3. 채소믹스, 양파, 청포도드레싱의 절반 분량(1회분)을 섞어 가볍게 무친 다음, 그릇에 담는다.

4. 오이는 반으로 접어 올리고, 연어는 돌돌 말아 꽃 모양으로 올리고, 리코타치즈는 티스푼으로 조금씩 떠서 군데군데 토핑한다.

5. 청포도, 올리브를 올리고 햄프시드를 뿌린다.

채소크래믹스김밥 #샐러드왕김밥

● Morning　● Dinner

채소믹스를 듬뿍 넣어서 만든 프레시한 김밥에 훈제마요소스를 콕 찍어 먹으면 맛도 기분도 UP 되는 메뉴예요. 밥 없이 달걀지단만 깔아 탄수화물을 줄인 채 단백질을 채웠고, 채소믹스와 함께 게맛살을 넣어 더 풍부한 맛과 식감을 냈어요. 게다가 아보카도와 치즈의 부드러운 맛까지 더해지니 씹을수록 맛있고 몸이 가벼워지는 환상적인 왕김밥이라고 부를만 하죠?

Ingredients

- 김밥김 1½장
- 채소믹스 1½줌(100g)
- 아보카도 1/2개
- 게맛살 2개
- 슬라이스치즈 1장
- 달걀 2개
- 쌈무 3장
- 생들기름 1/4큰술
- 올리브유 1/2큰술

● 훈제마요소스
- 훈제파프리카가루 1/4큰술
- 스리라차소스 1/2큰술
- 식물성마요네즈 1/2큰술
  (혹은 하프마요네즈)

MINI'S KICK

아보카도는 과육에 공기가 닿으면 갈변되니 최대한 빨리 섭취하는 게 좋아요. 잘 후숙한 아보카도는 반으로 갈라 씨가 떨어진 부분을 먼저 사용해요. 씨가 붙은 반쪽의 과육 부분에는 올리브유나 아보카도오일을 바르고 랩을 씌워 씨 부분이 아래로 가게 냉장실에 두면 갈변을 최대한 늦추며 오래 보관할 수 있어요. 이렇게 보관한 아보카도는 2~5일 내로 먹어요.

1. 채소믹스는 깨끗이 씻어 물기를 빼고, 아보카도는 얇게 썬다.

2. 게맛살은 결대로 찢고, 치즈는 3등분하고, 달걀은 잘 푼다.

3. 달군 팬에 올리브유를 두르고 달걀물을 부어 지단을 만든 다음, 한 김 식힌다.

4. 채소믹스, 게맛살은 잘 섞어 채소크래믹스를 만들고, 훈제마요소스 재료는 잘 섞는다.

5. 김 1/2장 끝부분에 치즈를 나란히 올리고, 나머지 김 1장을 치즈 위에 이어 붙인다.

6. 김 위에 지단-아보카도-채소크래믹스-쌈무순으로 올리고 김밥을 만다.

7. 생들기름을 김밥 윗부분과 칼에 발라 먹기 좋게 썰고, 훈제마요소스를 곁들인다.

새우김치파인케일롤

● Morning　● Lunch　● Dinner　● Snack

탱글탱글한 새우를 넣어 만든 새우김치볶음밥은 상상만 해도 맛있있죠? 이제 볶음밥도
숟가락 없이 돌돌 말아 한 손에 들고 간편하게 먹어요. 녹황색 채소 중 베타카로틴이
가장 풍부하다는 커다란 즙용 케일로 속 재료를 돌돌 감싸면 건강한 도시락 메뉴로도
손색없어요. 단백질의 소화 흡수를 돕는 파인애플까지 넣었으니 단짠단짠의 조화가 끝내줄 거예요.

Ingredients / 2회 분량

- ☐ 곤약밥 1팩(150g)
- ☐ 케일 2장(즙용)
- ☐ 냉동새우 3마리
- ☐ 달걀 2개
- ☐ 양파 1/4개(50g)
- ☐ 배추김치 40g
- ☐ 아보카도 1/2개
- ☐ 파인애플 40g
- ☐ 청양고춧가루 약간
- ☐ 올리브유 1큰술

1. 케일은 줄기의 두꺼운 부분을 칼로 저며 제거하고, 냉동새우는 헹궈 따뜻한 물에 담가 해동한다.

2. 달걀은 잘 풀고, 달군 팬에 올리브유 1/2큰술을 두르고 달걀물을 부어 지단을 만든다.

3. 양파, 김치는 다지고, 아보카도는 얇게 썰고, 파인애플은 한입 크기로 썬다.

4. 달군 팬에 올리브유 1/2큰술을 두르고 김치, 양파를 볶다가 곤약밥, 새우, 고춧가루를 넣고 볶아 새우김치볶음밥을 만든다.

5. 유산지 위에 케일 2장을 겹쳐 깔고 지단-아보카도-새우김치볶음밥-파인애플순으로 올려 케일을 잡고 김밥 말듯 롤을 만다.

30쪽 포장법을 참고해요.

6. 케일롤은 고정시킨 채 유산지의 앞쪽으로 가져와 유산지와 롤을 함께 돌돌 말아 포장한다.

7. 6:4 비율로 잘라 식사와 간식으로 나눠 먹는다.

단호박김밥

● Morning　● Lunch　● Dinner

식이섬유가 듬뿍 들어 순탄수화물 함량이 낮은 단호박은 저탄수화물 다이어트 시 챙겨 먹기 좋은 탄수화물 식재료예요. 자연스럽게 달달한 맛을 가진 단호박과 씹을수록 고소한 식물성 대체육, 맛의 포인트를 주는 김치와 함께 말아낸 단호박김밥은 풍부한 맛, 부드럽고 쫄깃하고 아삭한 식감까지 다양한 매력을 가졌으니 두말할 필요 없어요. 일단 드셔보세요!

Ingredients

- ☐ 김밥김 1장
- ☐ 단호박 1/6개(150g)
- ☐ 깻잎 8장
- ☐ 청양고추 2개
- ☐ 슬라이스치즈 1장
- ☐ 콩고기 100g(혹은 식물성대체육)
- ☐ 배추김치 40g
- ☐ 생들기름 1/3큰술

남은 단호박은 냉장실에 보관하고 간식으로 먹거나 다른 요리에 활용해요.

1. 단호박은 4등분해 씨를 빼고 찜기에 10분간 쪄 한 김 식힌다.

2. 깻잎은 씻어 물기를 빼고, 고추는 꼭지를 떼고, 치즈는 3등분한다.

3. 마른 팬에 콩고기를 앞뒤로 노릇하게 굽는다.

4. 단호박은 포크로 으깬다.

MINI'S KICK

다양한 콩고기 중 '언리미트'는 분리대두단백과 렌틸콩, 병아리콩, 볶음퀴노아분말 등 곡물 분말을 넣어 만든 100% 식물성 대체육으로 트랜스지방과 콜레스테롤이 없어 가볍게 먹을 수 있어요. 김밥이나 샌드위치, 덮밥 등에 다양하게 활용해요.

5. 김 위에 으깬 단호박-깻잎 4장-치즈-콩고기-김치-고추-깻잎 4장 순으로 올리고 김밥을 만다.

6. 생들기름을 김밥 윗부분과 칼에 바르고 먹기 좋게 썬다.

LOW CARBOHYDRATE HIGH PROTEIN DIET RECIPES

PART 6

디디미니표 뚝딱 다이어트 베이킹!
초간단 디저트 & 평생 반찬

다이어트 최대의 적은 달콤한 맛을 가졌지만 밀가루와 설탕 폭탄인 디저트라고 해도 과언이 아니죠. 그래서 무작정 디저트를 참아온 수많은 다이어터 여러분의 욕망을 제가 책임지고 채워드리려고 해요. 그것도 베이킹 초보자도 손쉽게 만들 만큼 초간단하게, 건강하게요! 물론 건강하고 맛있는데 먹어도 살찌지 않는 건 말하지 않아도 알죠? 게다가 뚝딱 디저트에 덤까지 얹었어요. 치즈, 요거트, 피클, 당근라페 등 곁들임 반찬이나 김밥, 샌드위치에 활용하기 좋은 인생 레시피까지, 알아두면 평생 해먹을 만큼 유용하고 맛있는 요리를 선물해요.

고단백와플

 Morning   Lunch

▶ 그릭요거트 활용(230쪽)

여유로운 주말 아침, 유명 브런치 메뉴 부럽지 않은 플레이팅에 밀가루도 무첨가에 단백질까지 든든히 챙길 수 있는 고단백와플 한 접시 어때요? 뮤즐리, 프로틴가루, 아몬드가루 등 건강한 재료로 만든 반죽을 와플팬에 노릇노릇하게 굽고, 그릭요거트와 과일 그리고 무설탕딸기잼까지 곁들이면 눈도 즐겁고 입도 행복한 브런치가 완성됩니다. 물론 먹으면 더 행복해질걸요?

Ingredients

- ☐ 뮤즐리 3큰술(30g)
- ☐ 프로틴가루 2큰술(17g)
- ☐ 아몬드가루 1큰술(8g)
- ☐ 달걀 1개
- ☐ 올리브유 1/2큰술
- ☐ 그릭요거트 2스쿱
  (3½큰술, 70g/230쪽 참고)
- ☐ 무설탕딸기잼 1큰술
- ☐ 블루베리 9개
- ☐ 햄프시드 약간

1. 뮤즐리 2½큰술, 프로틴가루, 아몬드가루, 달걀, 올리브유를 잘 섞어 반죽을 만든다.

와플팬이 없으면 일반 팬에 반죽을 뒤집개로 눌러가며 구워요.

2. 와플팬에 반죽을 올리고 중불에서 뒤집어가며 타지 않게 중간중간 확인하며 3분 정도 노릇하게 굽는다.

3. 그릇에 고단백와플을 올리고, 요거트를 스쿱으로 퍼서 동그랗게 올린다.

4. 무설탕딸기잼, 뮤즐리 1/2큰술, 블루베리, 햄프시드를 토핑한다.

프로틴티라미수

🟠 Morning 🟢 Lunch 🟡 Snack

▶ 그릭요거트 활용(230쪽)

설탕 한 톨 들어가지 않았지만, 한 숟가락 떠먹으면 시판 티라미수가 생각나지 않을
만큼 맛있는 다이어트용 티라미수예요. 부순 통밀과자에 커피를 적셔 은은하게
커피 향을 내고, 건강한 프로틴그릭크림과 신선한 딸기를 함께 샌딩하면
촉촉하고 부드럽고 상큼함이 더해져 정말 맛있어요. 이 정도면 다이어트할 때도
디저트를 포기하지 않아도 되겠죠?

Ingredients / 2회 분량

- ☐ 딸기 7~8개
- ☐ 통밀과자 7개(47g)
- ☐ 알룰로스 1큰술(혹은 올리고당)
- ☐ 커피 1/2컵
- ☐ 프로틴가루 2큰술(25g)
- ☐ 그릭요거트 5큰술(100g/230쪽 참고)
- ☐ 무가당코코아가루 1/2큰술

1. 딸기 1개는 꼭지째 2등분하고, 4개는 꼭지를 떼고 2등분하고, 나머지는 4등분한다.

2. 믹서에 통밀과자를 넣어 성글게 갈고, 알룰로스, 커피는 잘 섞어 커피물을 만든다.

3. 프로틴가루, 커피물 3큰술을 잘 섞은 다음, 요거트를 섞어 프로틴그릭크림을 만든다.

4. 투명한 용기에 통밀과자가루를 평평하게 담고 숟가락으로 커피물을 골고루 뿌려가며 가루를 적신다.

MINI'S KICK

통밀과자는 통호밀빵을 얇게 압축해서 건조해 바삭한 식감과 고소한 맛을 가진 제품이에요. 저는 주로 '핀크리스프 오리지널' 제품을 사용해요. 식이섬유가 풍부하고 단백질까지 갖춘 건강한 탄수화물 식품이라서 식사용 요리나 건강한 디저트에 다양하게 활용할 수 있어요.

5. 그릭크림 절반 분량을 평평하게 올리고, 용기 가장자리에 딸기 단면이 보이게 둘러 담은 다음, 가운데는 4등분한 딸기를 촘촘하게 채운다.

6. 남은 그릭크림을 모두 올려 딸기가 보이지 않도록 평평하게 채우고, 코코아가루를 티라미수 윗면 전체에 뿌린 다음, 꼭지 있는 딸기를 토핑한다.

> 코코아가루는 체에 받쳐 톡톡 쳐가며 뿌려요.

머그컵프로틴케이크

🟠 Morning 🟢 Lunch 🟡 Snack

▶ 그릭요거트 활용(230쪽)

귀차니스트를 위한 강력 추천 디저트를 알려드려요. 모든 재료를 섞어서 전자레인지로 조리하면 케이크가 된다니 믿어지나요? 내열용기에 반죽을 담아 전자레인지로 가열해 폭신폭신한 시트를 만들고, 그릭요거트와 딸기를 예쁘게 올리면 맛도 모양도 일반 케이크에 뒤지지 않아요. 너무 달지 않아서 오히려 더 맛있는 디저트 한 컵으로 기분도 내고 단백질도 충전해요.

Ingredients / 2회 분량

- 프로틴가루 4큰술(40g)
- 달걀 2개
- 우유 3큰술
- 뮤즐리 35g
- 그릭요거트 2큰술(40g/230쪽 참고)
- 프락토올리고당 1/2큰술
  (혹은 알룰로스 1큰술)
- 물 2큰술
- 딸기 2개
- 올리브유 1/3큰술

1. 프로틴가루, 달걀, 우유, 뮤즐리 3큰술(21g)을 넣고 섞어 반죽을 만든다.

한 번에 3분간 가열하면 반죽이 넘칠 수 있어요. 소비전력량에 따라 가열 시간을 가감해요.

2. 내열용기에 올리브유를 발라 반죽을 붓고, 전자레인지에 1분+1분+1분간 총 3회에 나누어 가열해 프로틴시트를 만든다.

3. 딸기는 꼭지를 떼고 모양을 살려 얇게 썰고, 올리고당, 물은 잘 섞는다.

4. 한 김 식은 시트를 가로로 저미듯 3등분하고, 바닥 시트-올리고당물-요거트 1/2큰술-딸기-중간 시트-올리고당물-요거트 1/2큰술-딸기-맨 위 시트순으로 올린다.

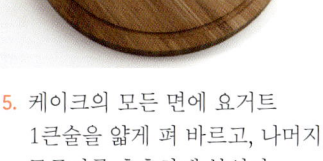

5. 케이크의 모든 면에 요거트 1큰술을 얇게 펴 바르고, 나머지 뮤즐리를 촘촘하게 붙인다.

프로틴그래놀라

● Morning　● Snack

오트밀, 견과류, 건과일 등을 구워 만든 그래놀라는 우유나 요거트 등에 섞으면
간편한 아침 식사로 좋아서 꼭 구비하곤 해요. 하지만 저는 더 건강하게 먹고 싶어서
프로틴가루를 넣고 단백질을 코팅해 직접 구웠어요. 생각보다 만들기 쉽고
그래놀라 맛집에 버금가는 맛과 영양을 지녀 여러분께 꼭 권하고 싶어요.
바삭한 식감이 좋아서 입이 심심할 때 간식으로, 과일이나 요거트를 곁들인 끼니로 손색없어요.

Ingredients / 3~4회 분량

- 뮤즐리 120g
  (혹은 오트밀, 견과류, 건과일 등)
- 프로틴가루 3큰술(25g)
- 아몬드 1줌(34g)
- 카카오닙스 1큰술
- 햄프시드 1큰술
- 알룰로스 4큰술
  (혹은 올리고당 3큰술)
- 물 2큰술

1. 뮤즐리, 프로틴가루, 아몬드, 카카오닙스, 햄프시드는 잘 섞는다.

2. 알룰로스, 물을 넣고 프로틴가루가 서로 엉기게끔 잘 섞어 그래놀라 반죽을 만든다.

3. 종이포일 위에 섞은 그래놀라 반죽을 얇게 펼쳐 에어프라이어 150℃에서 10분, 뒤집어서 5분간 굽는다.

큰 덩어리는 적당한 크기로 떼어 넣어요.

4. 한 김 식혀 밀폐용기에 넣고 냉장실에 일주일간 보관해 3~4회에 나눠 먹는다.

다이어트바나나푸딩

🔴 Morning 🟡 Snack

▶ 그릭요거트 활용(230쪽)

뉴욕을 여행하며 먹었던 유명 컵케이크 전문점의 바나나푸딩이 생각나서
다이어트 버전으로 건강하게 만들어봤어요. 설탕이 잔뜩 든 크림 대신 그릭요거트에
프로틴가루를 섞어 다이어트 필수 요소인 단백질을 보탰죠. 그리고 요거트, 바나나,
부드러움 속 씹는 즐거움을 주는 통밀과자를 켜켜이 쌓으면 푸딩 완성!
냉장 보관한 후 한입 푹 떠먹으면 입안 가득 보드라운 맛이 일렁대요.

Ingredients / 2회 분량

- [ ] 바나나 1개
- [ ] 통밀과자 9개(60g)
- [ ] 프로틴가루 4큰술(35g)
- [ ] 우유 5큰술
- [ ] 그릭요거트 5큰술(100g/230쪽 참고)
- [ ] 로즈마리 약간

1. 바나나는 동그란 모양을 살려 얇게 썰고, 통밀과자는 잘게 부순다.

2. 프로틴가루, 우유는 잘 섞은 다음, 요거트를 섞어 크림을 만든다.

투명한 컵이라면 바나나를 컵 둘레에 세워서 담으면 예뻐요.

3. 디저트용 컵에 크림, 바나나, 통밀과자를 번갈아 담는다.

냉장실에 2~3시간 이상 보관했다가 차갑게 먹어야 더 맛있어요.

4. 로즈마리를 토핑한다.

허니버터두부칩

🟡 Snack

단짠단짠한 허니버터 맛 감자칩은 생각만 해도 정말 맛있지만, 애석하게도 감량 시 피해야 하는 튀긴 음식이에요. 하지만 다이어트를 하면서도 바삭바삭한 과자는 먹고 싶으니까 감자칩을 대신할 만한 고단백두부칩을 개발했어요.
얇은 쌈두부나 포두부를 에어프라이어에 바삭하게 굽고, 건강하게 만든 특제 허니버터소스를 버무리면 무려 3가지 맛의 인생 과자가 탄생해요.

Ingredients / 2~3회 분량

- ☐ 쌈두부 1팩(80g)
  (혹은 두부면)
- ☐ 무염버터 20g
- ☐ 아카시아꿀 1큰술(혹은 꿀)
- ☐ 알룰로스 2큰술(혹은 올리고당)
- ☐ 소금 약간(2꼬집)
- ☐ 시나몬가루 1/3큰술
- ☐ 파슬리가루 1/3큰술
- ☐ 다진 마늘 1/3큰술

1. 쌈두부는 물기를 빼고 한입 크기로 썬다.

2. 망에 최대한 겹치지 않게 올리고 에어프라이어 180℃에서 5분, 뒤집어서 5분간 굽는다.

3. 무염버터는 따뜻한 물에 중탕해 녹인 다음, 꿀, 알룰로스, 소금을 넣고 잘 섞어 허니버터를 만든다.

4. 허니버터 1/3 분량을 덜어 시나몬가루를 섞고 시나몬소스를 만든다.

5. 나머지 허니버터 2/3 분량에 파슬리가루를 섞어 오리지널허니버터소스를 만들고, 그중 절반을 덜어 다진 마늘을 섞어 허니갈릭소스를 만든다.

허니갈릭소스는 마늘이 익을 수 있도록 약불에서 조금 더 오랫동안 가열해요.

6. 마른 팬에 구운 두부칩을 1/3 분량씩 넣고 약불에서 각각의 소스를 골고루 묻힌다.

7. 양념한 두부칩을 식힘망에 올려 잠시 식히고 소분해 냉장실에 5일간 보관한다.

말차그릭베이글

 Morning   Lunch

▶ 그릭요거트 활용(230쪽)

꾸덕꾸덕하고 밀도 높은 크림치즈가 잔뜩 샌딩된 베이글이 먹고 싶을 땐 어떡하죠? 어떡하긴요! 다이어트식으로 만들면 되죠! 통밀베이글을 따뜻하게 굽고, 크림치즈 대신 그릭요거트에 원하는 맛의 파우더와 씹는 맛이 좋은 견과류를 넣어 그릭크림을 만들어요. 저는 최근 쌉사래함이 매력적인 녹차 맛이 좋아 말차파우더를 선택했는데요, 저와 함께 드셔보실래요?

Ingredients / 2회 분량

- 통밀베이글 1개
- 그릭요거트 7큰술(140g/230쪽 참고)
- 말차파우더 1큰술(8g)
- 프락토올리고당 2큰술
  (혹은 알룰로스, 꿀)
- 견과류 1줌(25g)

유산균(그릭요거트)의 먹이가 되는 프락토올리고당을 사용하면 더 좋아요. 없다면 알룰로스나 꿀 등으로 대체해요.

1. 요거트, 말차파우더, 올리고당, 견과류를 큰 주걱으로 반죽하듯 잘 섞어 말차크림을 만든다.

2. 베이글은 가로로 2등분해 마른 팬에 앞뒤로 노릇하게 굽는다.

남은 반쪽은 냉동했다가 살짝 녹여 먹으면 더 맛있어요.

3. 베이글을 자른 단면에 말차크림을 도톰하게 바르고 나머지 베이글로 덮는다.

4. 2등분해 2회에 나눠 먹는다.

초코그릭크림토스트

● Morning   ● Lunch

▶ 그릭요거트 활용(230쪽)

'초콜릿'이라면 자다가도 벌떡 일어나는 사람들, 여기로 모이세요! 당이 떨어지거나 초콜릿 맛이 당길 때, 초콜릿크림이 잔뜩 올라간 빵이 먹고 싶을 때는 이 메뉴를 만들어봐요. 속세맛에 버금가는 진한 초콜릿 맛을 느낄 수 있거든요. 먹고 나면 초콜릿맛프로틴가루와 그릭요거트가 이 맛을 내다니 믿기지 않겠지만, 사실입니다! 통밀빵에 크림을 펴 바르거나 푹 찍어 먹으면 초콜릿 욕구와 함께 단백질도 충전돼요.

Ingredients

- 통밀식빵 1장
- 바나나 1/2개
- 캐슈넛 8알
  (혹은 기타 견과류)
- 카카오닙스 약간
- 초콜릿맛프로틴 3큰술(25g)
- 무가당코코아가루 1큰술
- 귀리우유 3큰술
  (혹은 우유, 무가당두유)
- 그릭요거트 2큰술(70g)+1/2큰술(15g)
  (230쪽 참고)
- 시나몬가루 약간
- 애플민트 약간

1. 초콜릿맛프로틴, 코코아가루, 귀리우유를 잘 섞은 다음, 요거트 2큰술을 섞어 초코그릭크림을 만든다.

2. 바나나는 동그란 모양을 살려 썬다.

3. 마른 팬에 식빵을 앞뒤로 노릇하게 굽는다.

4. 식빵에 초코그릭크림을 펴 올리고, 바나나, 캐슈넛, 카카오닙스를 올린다.

5. 시나몬가루를 뿌리고 요거트 1/2큰술을 티스푼으로 군데군데 조금씩 얹은 다음, 애플민트를 토핑한다.

프로틴아이스크림 #지우단백아이스바

🟡 Snack

무더운 여름, 아이스크림이 생각나면 단백질이 담뿍 든 프로틴아이스크림, 이름하여 지우단백아이스바를 만들어봐요. 바나나를 으깨 요거트와 넣은 덕분에 꽝꽝 언 얼음과자가 아니라, 입에서 살살 녹는 아이스바예요. 아, 이 메뉴는 중간중간 씹히는 캐슈넛의 오독오독한 식감이 킥이니 꼭 넣어주세요! 녹차 맛 외에도 다양한 맛의 파우더를 활용해서 올여름엔 여러 가지 맛의 건강 아이스크림을 즐겨요.

Ingredients / 4회 분량

- 캐슈넛 1줌(35g)

● **말차맛크림**
- 바나나 1개
- 프로틴가루 4큰술(50g)
- 아몬드가루 3큰술(40g)
- 말차파우더 1큰술(10g)
- 무가당요거트 5큰술(100ml)
- 프락토올리고당 2큰술
  (혹은 알룰로스, 꿀 3큰술)

1. 캐슈넛은 칼등으로 쳐서 성글게 부순다.

믹서가 없다면 바나나를 포크로 으깬 다음, 모든 재료를 넣고 골고루 섞어요.

2. 믹서에 말차맛크림 재료를 넣고 잘 갈아 말차맛크림을 만든다.

3. 말차맛크림에 으깬 캐슈넛을 섞고 실리콘 아이스크림틀에 붓는다.

4. 냉동실에 넣어 6시간 이상 얼리고, 하루에 1개씩 간식으로 먹는다.

프로틴밀크푸딩

 Snack

저는 푸딩을 너무 좋아하지만, 시판 푸딩에는 당류와 지방이 많이 들어 있으니까
건강하게 살 빠지는 레시피로 직접 만들게요.
설탕 한 톨 넣지 않고 알룰로스와 동물성젤라틴, 우유를 데워 병에 넣으면 끝!
만들기 이렇게 쉬운 줄 알았다면 진작 만들어서 먹을 걸 그랬어요.
누구나 성공할 만큼 손쉽게 만드는 병 푸딩은 냉장 보관 후에 살살 녹는 꿀맛이에요!

Ingredients / 4회 분량

- 젤라틴분말 5g
- 물 3큰술
- 프로틴가루 3큰술(25g)
- 우유 300ml
- 알룰로스 1큰술
  (혹은 올리고당)

1. 젤라틴분말, 물을 잘 섞어서 3~5분간 젤라틴을 불린다.

덩어리진 부분은 체로 건져 주걱으로 눌러가며 풀어요.

2. 냄비에 프로틴가루, 우유, 알룰로스를 부어 약불에서 저어가며 미지근하게 데우고, 끓기 전에 불을 끄고 불린 젤라틴을 넣어 잘 섞는다.

유리병은 끓는 물에 5분 정도 넣어 소독해요.

3. 소독한 유리병에 담고 냉장실에 4시간 이상 보관해 차갑게 먹는다.

석류콜라겐젤리

● Snack

석류의 상큼함이 톡톡 터지는 석류콜라겐젤리. 한때 많이들 사서 먹었죠?
이제 사 먹지 말고 집에서 직접 만들어요. 집에 사놓고 먹지 않은
저분자콜라겐펩타이드가 있다면 함께 넣어줘요. 석류에 듬뿍 함유된 에스트로겐은
콜라겐을 합성하는 역할을 해서 둘을 함께 먹을 시 더할 나위 없이 좋거든요.
홈메이드 간식으로 이너뷰티도 함께 챙겨요.

Ingredients

- ☐ 석류 1개(알만 200g)
- ☐ 젤라틴분말 10g
- ☐ 저분자콜라겐펩타이드 3포(9g)
  (생략 가능)
- ☐ 알룰로스 3큰술(45g)
  (혹은 올리고당 2큰술)
- ☐ 물 4큰술+95ml

1. 석류는 껍질을 까서 석류알만 분리한다.

2. 젤라틴분말, 물 4큰술을 섞어 3~5분간 젤라틴을 불린다.

3. 토핑용 석류알 30g은 덜어두고, 믹서에 나머지 석류알을 모두 넣어 곱게 간 다음, 체에 밭쳐 숟가락으로 꾹꾹 눌러가며 즙만 거른다.

가열 전에 물의 양을 조절해 총량을 300g에 맞춰요.

4. 냄비에 석류즙, 물 95ml, 저분자콜라겐, 알룰로스를 넣고 약불에서 저어가며 끓이다가, 끓기 전에 불을 끄고 불린 젤라틴을 넣어 잘 섞는다.

5. 한 김 식혀 사각틀에 붓고, 남겨둔 토핑 석류알을 가볍게 섞어 냉장실에 4시간 정도 보관한 다음, 칼로 먹기 좋게 썰어 일주일 내로 먹는다.

딸기프로틴퐁듀

🟡 Snack

고급 케이터링이나 딸기 뷔페에서 볼 수 있는 초콜릿에 퐁당 담갔다 뺀 딸기퐁듀는
보기만 해도 예쁘고 달콤새콤 부드러워서 반하지 않을 수 없는 메뉴예요.
나를 위한 예쁜 디저트로, 손님 초대용으로도 좋은 딸기퐁듀를 설탕이 잔뜩 든 초콜릿 대신
천연감미료와 프로틴가루로 만들어봐요. 당류 걱정 없이
단백질까지 챙길 수 있어서 건강에도 좋고 맛 또한 근사해요.

Ingredients / 2~3회 분량

- 딸기 11개
- 초콜릿맛프로틴가루 2큰술(20g)
- 무가당코코아가루 1½큰술(10g)
- 스테비아 1큰술(10g)
  (혹은 알룰로스, 올리고당)
- 우유 4큰술
- 코코넛오일 4큰술
  (대체 불가)

1. 딸기는 꼭지째 깨끗이 씻어 키친타월로 물기를 닦는다.

코코넛오일이 초콜릿을 굳히는 역할을 하니 꼭 넣어요.

2. 프로틴가루, 코코아가루, 스테비아, 우유, 코코넛오일을 섞어 프로틴초콜릿을 만든다.

3. 프로틴초콜릿에 딸기 과육 부분만 담갔다가 빼서 유산지나 망 위에 올린다.

4. 그대로 냉동실에 10분간 넣었다가 초콜릿이 굳으면 꺼낸다.

MINI'S KICK

스테비아와 에리스리톨이 섞인 설탕 대체 감미료는 설탕과 달리 혈당을 급격하게 올리지 않고 칼로리와 당류 걱정 없이 단맛을 낼 수 있어요. 스테비아는 설탕보다 300배 정도 단맛이 강하니 스테비아를 고를 때는 스테비아와 에리스리톨이 배합된 제품을 구매해요.

수제그릭요거트

● Side dish

▶ 그릭게맛살샌드위치 활용(104쪽), ▶ 허니갈릭그릭샌드위치 활용(112쪽), ▶ 바나나요거트카레수프 활용(158쪽)
▶ 참치요거트김밥 활용(174쪽), ▶ 그릭샐러드김밥 활용(180쪽), ▶ 고단백와플 활용(206쪽), ▶ 프로틴티라미수 활용(208쪽)
▶ 머그컵프로틴케이크 활용(210쪽), ▶ 다이어트바나나푸딩 활용(214쪽), ▶ 말차그릭베이글 활용(218쪽)
▶ 초코그릭크림토스트 활용(220쪽), ▶ 요거트코울슬로 활용(242쪽)

우유에서 유청을 쏙 뺀 그릭요거트는 유당을 적게 함유해서 일반 요거트를 먹는 것보다
몸에 이로워요. 하지만 매번 사 먹기에는 비용이 만만치 않으니, 자주 먹는다면 직접
만들길 권해요. 한 번만 만들어보면 생각보다 수고롭지 않고 맛도 좋거든요. 그래놀라,
과일 등을 곁들인 요거트볼부터 책 속 다양한 레시피에 활용할 수 있어요. 우유와
유산균 외에 그 무엇도 첨가하지 않은 그릭요거트를 꼭 만들어보세요.

Ingredients

- 우유 900ml(1팩)
- 유산균캡슐 1알
  (혹은 유산균요구르트 130ml)

찬기를 빼지 않은 우유는 유산균이 잘 섞이지 않아 발효에 실패할 수 있어요.

유산균캡슐 대신 유산균요구르트를 써도 좋아요.

1. 우유는 실온에 두어 찬기를 뺀다.
2. 유산균캡슐을 열고 유산균가루를 우유팩에 그대로 부어 잘 섞는다.

10시간 보온 후 잘 응고되었다면 냉장 보관은 생략해도 좋아요. 살짝 묽다면 냉장 보관해요. 요거트메이커가 없다면 전기밥솥에 넣고 보온에서 1시간, 전원을 끄고 8~10시간 정도 두어 요거트를 만들어요.

냉장고 속엔 생각보다 세균이 많으니 꼭 밀폐용기를 사용해 유청을 걸러요.

3. 요거트메이커 45℃에서 10시간 보온한 다음, 냉장실에서 4시간 정도 보관해 요거트를 만든다.
4. 유리밀폐용기 입구에 면포를 고무줄 등으로 고정한 다음, 요거트를 붓는다.

시판 무가당요거트를 면포에 걸러 그릭요거트를 만들어도 좋아요.

5. 면포로 요거트를 감싸 밀폐하고, 냉장실에 6시간 이상 보관해 유청을 뺀다.
6. 깨끗한 용기에 담아 냉장실에 보관해 10일 내로 먹는다.

리코타치즈

● Side dish

▶ 리코타연어샐러드 활용(196쪽)

꾸덕꾸덕하고 포슬포슬한 맛을 동시에 가진 리코타치즈는 고소한 맛이 좋아
샐러드의 곁들임 재료로 참 잘 어울려요. 보관 기간도 2주 정도로 긴 편이라 한번 만들어두면
다양한 요리에 활용할 수 있어요. 끓을 때 최대한 젓지 않는 게 팁이니 꼭 기억해서,
맛있는 홈메이드 리코타치즈를 완성해요.

Ingredients

- 우유 500ml
- 생크림 250ml
  (혹은 우유)
- 소금 1/4큰술
- 레몬즙 3큰술
  (혹은 식초)

생크림을 넣으면 맛의 풍미가 더 깊어져요. 생크림이 없다면 같은 양의 우유를 더 넣어요.

1. 냄비에 우유, 생크림, 소금을 넣고 중약불에서 눌어붙지 않도록 두어 번 저어가며 끓인다.

2. 우유가 끓으며 막이 생기고 가장자리에 거품이 올라오면 레몬즙을 넣고 딱 한 번만 저은 다음, 약불로 줄인다.

3. 중간중간 끓어오를 때만 한 번씩 젓고 최대한 젓지 않고 그대로 둔다.

4. 우유가 덩어리로 뭉치기 시작하면 약 10분 후에 불을 끄고, 10분 정도 식힌다.

5. 냄비에 체를 받치고 면포를 깐 다음, 리코타치즈를 붓고 면포로 잘 감싼다.

6. 무거운 접시나 그릇을 치즈 위에 얹고 최소 1시간, 더 꾸덕꾸덕한 식감을 원하면 1시간 이상 실온에서 유청을 뺀다.

7. 밀폐용기에 담아 냉장실에 보관하고 2주 내로 먹는다.

다이어트누텔라

● Side dish

다이어트하는데 누텔라라니! 디디미니표 레시피라면 가능합니다! 제가 만든 다이어트누텔라는 한 통을 싹 다 퍼먹어도 시판 누텔라 2큰술을 먹는 칼로리와 당 함량에도 못 미칠 만큼 아주아주 건강해요. 게다가 모든 재료를 다 섞어서 불에 올리고 잠깐만 저어주면 완성되는 초간단 조리법도 큰 장점이죠. 이제 간편하게 만드는 저칼로리 초콜릿스프레드 누텔라로 맘껏 초코하세요!

Ingredients

- [ ] 초콜릿맛프로틴가루 2큰술(25g)
- [ ] 무가당코코아가루 2큰술
- [ ] 타피오카전분 1½큰술
- [ ] 무가당두유 380ml
- [ ] 알룰로스 4큰술
   (혹은 올리고당 3큰술)

1. 냄비에 체를 받치고 프로틴가루, 코코아가루, 타피오카전분을 한꺼번에 넣고 잘 걸러 넣는다.

2. 두유, 알룰로스를 넣고 실리콘주걱으로 잘 섞는다.

3. 섞은 재료는 약불에서 계속 저어가며 끓이고, 점성이 생기면 불을 끈다.

4. 밀폐용기에 담아 한 김 식혀 냉장실에 보관하고 일주일 내로 먹는다.

두부치즈

● Side dish

▶ 두부치즈체리샌드위치 활용(120쪽)

치즈는 유제품으로만 만들 수 있다는 편견을 버리세요. 두부로도 비건치즈를 만들 수 있답니다! 쫀득쫀득한 맛을 가진 두부치즈는 일반 치즈와는 또 다른 매력이 있어요. 순두부와 견과류 등 모든 재료를 갈아서 수분을 날리기만 하면 되니 만드는 법도 너무 쉽죠? 일반 치즈보다 한층 가벼운 느낌이라 통밀과자에 발라 먹고 샌드위치에 넣어 먹는 등 여기저기에 잘 어울려요.

Ingredients

- ☐ 순두부 1팩(350g)
- ☐ 캐슈넛 2줌(50g)
  (혹은 마카다미아)
- ☐ 타피오카전분 1½큰술
- ☐ 레몬즙 2큰술
- ☐ 대추야자시럽 1큰술
  (혹은 꿀)
- ☐ 소금 약간(2꼬집)
- ☐ 올리브유 4큰술

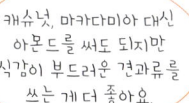

캐슈넛, 마카다미아 대신 아몬드를 써도 되지만 식감이 부드러운 견과류를 쓰는 게 더 좋아요.

1. 믹서나 푸드프로세서에 모든 재료를 넣고 곱게 간다.

2. 냄비에 갈아놓은 재료를 넣고 약불에서 수분을 날리듯 눌어붙지 않도록 저어가며 끓인 다음, 꾸덕꾸덕해지면 불을 끄고 한 김 식힌다.

3. 밀폐용기에 담아 냉장실에 보관하고 일주일 내로 먹는다.

두부마요네즈

● Side dish

▶ 두부마요샐러드밥 활용(94쪽), ▶ 버섯템페비건샌드위치 활용(110쪽)

다이어트할 때 일반 마요네즈보다는 콩으로 만든 식물성마요네즈를 사 먹는데, 집에서 두부로 채식마요네즈를 만들 수 있어요. 그것도 두부, 깨, 레몬즙, 소금, 올리브유, 딱 다섯 가지 재료만 휘리릭 갈아내면 완성! 너무너무 맛있는 데다 만들기도 쉽고 몸에도 좋은 홈메이드 마요네즈를 디핑소스, 샌드위치, 덮밥 등에 활용해요.

Ingredients

- 두부 1모(300g)
- 통깨 3큰술
- 레몬즙 3큰술
- 소금 1/3큰술
- 올리브유 3큰술

1. 믹서나 푸드프로세서에 통깨를 넣고 곱게 간다.

2. 갈은 깨에 두부, 레몬즙, 소금, 올리브유를 넣고 다시 한번 곱게 간다.

채소의 디핑소스, 샌드위치 속 소스로 다양하게 활용해요.

3. 밀폐용기에 담아 냉장실에 보관하고 일주일 내로 먹는다.

다이어트피클

● Side dish

▶ 두부면김밥 활용(190쪽)

아시는 분은 아시겠지만, 저희 엄마도 저와 함께 식단을 하면서 17kg을 감량했어요.
다이어트에 성공한 엄마로부터 전수받은 건강한 다이어트피클 레시피를 공개할게요.
설탕 대신 알룰로스를 넣어 당을 줄였고, 소금을 적게 넣어 짜지 않아요. 소량의
비트를 넣은 덕분에 피클 색도 고와졌답니다. 다양한 채소의 새콤한 맛과
아삭아삭한 식감이 어느 요리에 곁들여도 잘 어울려요.

Ingredients

- ☐ 오이 4개
- ☐ 청양고추 5개
- ☐ 홍고추 2개
- ☐ 무 1/4개
- ☐ 비트 1/4개
- ☐ 물 1L
- ☐ 소금 2큰술
- ☐ 통후추 1큰술
- ☐ 식초 1컵
- ☐ 알룰로스 2/3컵(혹은 올리고당)

1. 오이, 고추, 무, 비트는 흐르는 물에 깨끗이 씻는다.

2. 냄비에 물을 넣고 끓이다가 물이 끓기 시작하면 소금, 통후추, 식초, 알룰로스를 넣고 중불에서 3분간 끓인 다음, 불을 끄고 미지근하게 식힌다.

오이에 씨가 많을 때는 씨 부분을 티스푼으로 파내듯 제거하고 사용해요.

3. 오이는 3등분해 다시 십자 모양으로 4등분하고, 무는 0.7cm 두께로, 비트는 0.5cm 두께로 썰고, 고추는 어슷 썬다.

용기 크기에 따라 피클물이 남을 수도 있어요.

4. 밀폐용기에 모든 채소를 골고루 담고 미지근해진 피클물을 붓는다.

만들고 바로 먹어도 되지만, 2일 후부터가 맛있게 익어요.

5. 반나절 이상 실온에 두었다가 냉장실에 보관하고 1~2달 내로 먹는다.

요거트코울슬로

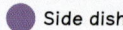 Side dish

▶ 코울슬로토르티야롤 활용(108쪽), ▶ 그릭요거트 활용(230쪽)

저는 채소 편식이 심하던 어릴 때부터 유명 패스트푸드점 치킨의 단짝 코울슬로는 맛있게 먹곤 했어요. 먹을 때마다 왠지 건강해지는 기분이었죠. 하지만 알고 보니 마요네즈와 설탕 범벅의 샐러드였더라고요. 그 맛이 자꾸 생각나서 양배추를 잔뜩 넣고 마요네즈와 설탕 대신 건강한 재료들만 넣어 만들었더니 오히려 더 맛있는 요거트코울슬로가 됐어요. 제 유튜브 채널에서 많은 분이 극찬한 레시피랍니다.

Ingredients / 3~4회 분량

- 양배추 350g
- 당근 1/3개(90g)
- 양파 1/3개(60g)
- 유기농옥수수통조림 3큰술
- 소금 1/2큰술

● **코울슬로소스**

- 그릭요거트 2큰술(70g/230쪽 참고)
- 레몬즙 1큰술(생략 가능)
- 식초 2큰술
- 홀그레인머스터드 1/2큰술
- 알룰로스 2큰술
  (혹은 올리고당 1큰술)
- 후춧가루 약간
- 파슬리가루 약간

1. 양배추, 당근, 양파는 깨끗이 씻어 채 썬다.

2. 큰 볼에 면포를 깔고 양배추, 당근, 양파를 담아 소금을 넣고 골고루 버무려 20분간 절인다.

면포가 없다면 채소탈수기를 쓰거나 손으로 채소를 꾹 눌러 물기를 짜내요.

3. 면포를 비틀어가며 채소의 물기를 꾹 짜낸다.

4. 코울슬로소스 재료는 잘 섞는다.

5. 절인 채소, 옥수수, 코울슬로소스를 섞어 잘 무치고, 밀폐용기에 담아 냉장실에 보관해 일주일 내로 먹는다.

오이초무침 #파이황과

● Side dish

▶ 두부와플레이트 활용(72쪽)

수분을 한가득 머금은 오이를 팡팡 때리면 오이의 신선한 향과 수분이 훨씬
풍부해져요. 이렇게 오이를 때려서 만드는 중국 요리 파이황과를 다이어트식으로
좀 더 건강하게 만들어봐요. 설탕 대신 알룰로스를 쓰고, 고수를 넣어서
향이 좋아요. 만들기도 쉽고 상큼한 맛이 좋아서 새콤한 음식이 당길 때 생각날 거예요.

Ingredients

- 오이 2개
- 마늘 4개
- 고수 1뿌리(12g)
  (혹은 깻잎, 생략 가능)
- 소금 1/3큰술
- 현미식초 2큰술
- 알룰로스 1½큰술
  (혹은 올리고당 1큰술)

오이를 때린 후에 썰면 싱그런 향이 풍부해져요.

1. 오이는 칼등으로 때리듯 내리쳐 부순 다음, 한입 크기로 썬다.

다진 마늘을 써도 되지만, 마늘을 때리듯 으깨서 쓰면 마늘 향이 더 살아나요.

2. 마늘은 칼등으로 때리듯 눌러 으깨서 다지고, 고수는 한입 크기로 썬다.

3. 오이, 마늘, 고수, 소금, 식초, 알룰로스를 잘 섞는다.

4. 밀폐용기에 담아 냉장실에 보관하고 1~2일 내로 시원하게 먹는다.

당근라페

● Side dish

▶ 참치콘라페샌드위치 활용(106쪽), ▶ 두부면스프링롤 활용(166쪽), ▶ 당근라페이퍼김밥 활용(186쪽)

당근을 좋아하는 분들이라면 무조건 OK! 당근 특유의 향 때문에 싫어하는 편식러도 OK!
당근 호불호에 상관없이 모든 분들에게 추천하는 당근라페예요. 당근을 가늘게
채 썰어서 홀그레인머스터드, 알룰로스, 올리브유 등에 무쳐내면 당근 향은 사라지고
아삭한 식감과 새콤달콤한 맛만 남아 어디에 곁들여 먹어도 정말 맛있어요.
샌드위치, 김밥, 반찬 등으로 다양하게 활용해요.

Ingredients / 5~6회 분량

- 당근 3개(700g)

● 소스
- 허브솔트 1/2큰술
- 후춧가루 1/2큰술
- 레몬즙 7큰술
- 홀그레인머스터드 1큰술
- 알룰로스 3큰술
  (혹은 올리고당 2큰술)
- 올리브유 5큰술

1. 당근은 깨끗이 씻어 채칼이나 칼로 채 썬다.

2. 채 썬 당근, 소스 재료를 모두 섞어 잘 버무린다.

반찬으로 먹거나 샌드위치, 김밥 등 다양한 요리에 활용해요.

3. 밀폐용기에 담아 냉장실에 보관하고 10일 내로 먹는다.

콜라비쏨땀

● Side dish

동남아 음식점에 가면 사이드 메뉴로 즐겨 먹는 쏨땀을 집에서 해 먹고 싶지만,
그린파파야를 구하기 어려워서 쉽지 않았어요. 하지만 파파야 대신 콜라비를 사용하면
새콤하고 아삭한 맛은 그대로 살리고, 쏨땀 특유의 짠맛은 살짝 줄여
집에서도 다이어트식 동남아 요리를 쉽게 맛볼 수 있죠.
피시소스가 없다면 멸치액젓을 써서 만들어도 좋아요.

Ingredients / 5~6회 분량

- 콜라비 1/2개(210g)
- 당근 1/4개(60g)
- 홍고추 2개
- 방울토마토 5개
- 땅콩 1줌(23g)

● 소스
- 다진 마늘 1큰술
- 레몬즙 2큰술
- 피시소스 2큰술
  (혹은 멸치액젓)
- 알룰로스 1큰술
  (혹은 올리고당)

채칼을 사용하면 편리해요.

1. 콜라비, 당근은 껍질을 벗기고 얇게 채 썬다.

홍고추가 없다면 풋고추, 청양고추를 사용해요.

2. 고추는 잘게 다지고, 방울토마토는 4등분하고, 땅콩은 칼등으로 눌러 굵게 부순다.

3. 소스 재료는 잘 섞고, 고추, 토마토, 콜라비, 당근, 땅콩을 넣어 골고루 무친다.

4. 밀폐용기에 담아 냉장실에 보관하고 10일 내로 먹는다.

index 가나다순

ㄱ

- 가지두부볶음면 ········· 150
- 게맛살낫토포케 ········· 078
- 게맛살명란달걀탕 ········· 134
- 고단백와플 ········· 206
- 곤약만두오트밀밥 ········· 038
- 공심채볶음(닭가슴살공심채볶음) ····· 184
- 그래놀라(프로틴그래놀라) ········· 212
- 그릭게맛살샌드위치 ········· 104
- 그릭샐러드김밥 ········· 180
- 그릭요거트(수제그릭요거트) ········· 230
- 김말이튀김(디디미니분식세트) ········· 170
- 김치전(다이어트김치전) ········· 172
- 깻잎김밥맛리소토 ········· 048

ㄴ

- 낫토사과오픈토스트 ········· 122
- 누텔라(다이어트누텔라) ········· 234

ㄷ

- 다이어트국물떡볶이 ········· 128
- 다이어트김치전 ········· 172
- 다이어트누텔라 ········· 234
- 다이어트닭갈비 ········· 164
- 다이어트두부강정 ········· 182
- 다이어트떡국 ········· 140
- 다이어트바나나푸딩 ········· 214
- 다이어트피클 ········· 240
- 단짠대파원팬토스트 ········· 058
- 단호박김밥 ········· 202

- 닭가슴살감자수프 ········· 146
- 닭가슴살공심채볶음 ········· 184
- 닭가슴살치즈가스 ········· 176
- 닭갈비(다이어트닭갈비) ········· 164
- 닭근위된장쌈샐러드 ········· 194
- 당근라페 ········· 246
- 당근라페이퍼김밥 ········· 186
- 대구알아보카도오픈토스트 ········· 114
- 돌나물비빔밥 ········· 088
- 동남아맛쌀국수 ········· 138
- 동남아맛컵누들 ········· 042
- 두부강정(다이어트두부강정) ········· 182
- 두부마요네즈 ········· 238
- 두부마요샐러드밥 ········· 094
- 두부면김밥 ········· 190
- 두부면스프링롤 ········· 166
- 두부와플플레이트 ········· 072
- 두부치즈 ········· 236
- 두부치즈체리샌드위치 ········· 120
- 두부칩(허니버터두부칩) ········· 216
- 디디미니분식세트 ········· 170
- 딸기프로틴퐁듀 ········· 228
- 땅콩순두부탕 ········· 144
- 떠먹는감태주먹밥 ········· 090
- 떡국(다이어트떡국) ········· 140
- 떡볶이(다이어트국물떡볶이) ········· 128

ㄹ

- 라이스페이퍼볶음밥 ········· 080
- 라이스페이퍼오믈렛 ········· 086

- 로제참치컵밥 ········· 066
- 리코타연어샐러드 ········· 196
- 리코타치즈 ········· 232

ㅁ

- 마카다미아멸치김밥 ········· 178
- 만능채소스튜 ········· 136
- 말차그릭베이글 ········· 218
- 매운파볶음밥 ········· 070
- 머그컵프로틴케이크 ········· 210
- 무말랭이참외김밥 ········· 192
- 밀크푸딩(프로틴밀크푸딩) ········· 224

ㅂ

- 바나나아몬드베이크드오트밀 ········· 062
- 바나나요거트카레수프 ········· 158
- 바나나푸딩(다이어트바나나푸딩) ········· 214
- 버섯템페비건샌드위치 ········· 110
- 병아리콩콜리플라워구이 ········· 060
- 볶음우동(저탄수볶음우동) ········· 056
- 부추참치비빔면 ········· 132
- 불고기맛템페리소토 ········· 092
- 비빔면(여름맛비빔면) ········· 050
- 비빔면(초간단다이어트비빔면) ········· 154

ㅅ

- 새우김치파인케일롤 ········· 200
- 새우달걀토스트 ········· 102
- 샐러드비빔밥 ········· 082
- 샐러드콩국수 ········· 152

석류콜라겐젤리 …………… 226	**ㅊ**	프로틴아이스크림 …………… 222
수제그릭요거트 …………… 230	참치양배추롤 …………… 188	프로틴티라미수 …………… 208
스프링롤(두부면스프링롤) … 166	참치요거트김밥 …………… 174	피클(다이어트피클) …………… 240
쌀국수(동남아맛쌀국수) …… 138	참치콘라페샌드위치 …………… 106	
쏨땀(콜라비쏨땀) …………… 248	채소게맛살언위치 …………… 116	**ㅎ**
	채소스튜(만능채소스튜) …… 136	허니갈릭그릭샌드위치 ……… 112
ㅇ	채소크래믹스김밥 …………… 198	허니버터두부칩 …………… 216
아보카도게맛살리소토 ……… 084	청양바질국물파스타 …………… 046	훈제오리루콜라파스타 ……… 142
아이스크림(프로틴아이스크림) … 222	초간단다이어트비빔면 ……… 154	
애플브리오픈샌드위치 ……… 098	초코그릭크림토스트 …………… 220	
양배추치킨수프 …………… 156	치킨가스(닭가슴살치즈가스) …… 176	
양배추팔뚝김밥 …………… 162	치킨갈릭컵빵 …………… 054	
에그샐러드샌드위치 …………… 124	치킨카레주키니파스타 ……… 148	
에그템페말이토르티야롤 …… 118		
여름맛비빔면 …………… 050	**ㅋ**	
오믈렛(라이스페이퍼오믈렛) … 086	케이크(머그컵프로틴케이크) … 210	
오이초무침 …………… 244	코울슬로(요거트코울슬로) …… 242	
오트밀간장버터밥 …………… 052	코울슬로토르티야롤 …………… 108	
와플(고단백와플) …………… 206	콘치즈맛리소토 …………… 040	
요거트코울슬로 …………… 242	콘치즈빵(저탄수콘치즈빵) …… 100	
	콜라비쏨땀 …………… 248	
ㅈ	콩국수(샐러드콩국수) ……… 152	
잡채맛버섯덮밥 …………… 074		
저탄수로제국물파스타 ……… 130	**ㅌ**	
저탄수볶음우동 …………… 056	티라미수(프로틴티라미수) …… 208	
저탄수알리오올리오 …………… 044	파이황과(오이초무침) ……… 244	
저탄수콘치즈빵 …………… 100		
제육볶음맛크림리소토 ……… 076	**ㅍ**	
진미채마늘볶음밥 …………… 064	프로틴그래놀라 …………… 212	
진미채호두김밥 …………… 168	프로틴밀크푸딩 …………… 224	

Index

끼니별

아침

가지두부볶음면 …………………… 150
게맛살낫토포케 …………………… 078
게맛살명란달걀탕 ………………… 134
고단백와플 ………………………… 206
곤약만두오트밀밥 ………………… 038
그릭게맛살샌드위치 ……………… 104
그릭샐러드김밥 …………………… 180
깻잎김밥맛리소토 ………………… 048
낫토사과오픈토스트 ……………… 122
다이어트국물떡볶이 ……………… 128
다이어트김치전 …………………… 172
다이어트닭갈비 …………………… 164
다이어트두부강정 ………………… 182
다이어트떡국 ……………………… 140
다이어트바나나푸딩 ……………… 214
단짠대파원팬토스트 ……………… 058
단호박김밥 ………………………… 202
닭가슴살감자수프 ………………… 146
닭가슴살공심채볶음 ……………… 184
닭가슴살치즈가스 ………………… 176
당근라페이퍼김밥 ………………… 186
대구알아보카도오픈토스트 …… 114
돌나물비빔밥 ……………………… 088
동남아맛쌀국수 …………………… 138
동남아맛컵누들 …………………… 042
두부마요샐러드밥 ………………… 094
두부면김밥 ………………………… 190
두부면스프링롤 …………………… 166
두부와플플레이트 ………………… 072

두부치즈체리샌드위치 …………… 120
디디미니분식세트 ………………… 170
땅콩순두부탕 ……………………… 144
떠먹는감태주먹밥 ………………… 090
라이스페이퍼볶음밥 ……………… 080
라이스페이퍼오믈렛 ……………… 086
로제참치컵밥 ……………………… 066
리코타연어샐러드 ………………… 196
마카다미아멸치김밥 ……………… 178
만능채소스튜 ……………………… 136
말차그릭베이글 …………………… 218
매운파볶음밥 ……………………… 070
머그컵프로틴케이크 ……………… 210
무말랭이참외김밥 ………………… 192
바나나아몬드베이크드오트밀 … 062
바나나요거트카레수프 …………… 158
버섯템페비건샌드위치 …………… 110
병아리콩콜리플라워구이 ………… 060
부추참치비빔면 …………………… 132
불고기맛템페리소토 ……………… 092
새우김치파인케일롤 ……………… 200
새우달걀토스트 …………………… 102
샐러드비빔밥 ……………………… 082
샐러드콩국수 ……………………… 152
아보카도게맛살리소토 …………… 084
애플브리오픈샌드위치 …………… 098
양배추치킨수프 …………………… 156
양배추팔뚝김밥 …………………… 162
에그샐러드샌드위치 ……………… 124
에그템페말이토르티야롤 ………… 118

여름맛비빔면 ……………………… 050
오트밀간장버터밥 ………………… 052
잡채맛버섯덮밥 …………………… 074
저탄수로제국물파스타 …………… 130
저탄수볶음우동 …………………… 056
저탄수알리오올리오 ……………… 044
저탄수콘치즈빵 …………………… 100
제육볶음맛크림리소토 …………… 076
진미채마늘볶음밥 ………………… 064
진미채호두김밥 …………………… 168
참치양배추롤 ……………………… 188
참치요거트김밥 …………………… 174
참치콘라페샌드위치 ……………… 106
채소게맛살언위치 ………………… 116
채소크래믹스김밥 ………………… 198
청양바질국물파스타 ……………… 046
초간단다이어트비빔면 …………… 154
초코그릭크림토스트 ……………… 220
치킨갈릭컵빵 ……………………… 054
치킨카레주키니파스타 …………… 148
코울슬로토르티야롤 ……………… 108
콘치즈맛리소토 …………………… 040
프로틴그래놀라 …………………… 212
프로틴티라미수 …………………… 208
허니갈릭그릭샌드위치 …………… 112
훈제오리루콜라파스타 …………… 142

점심

게맛살낫토포케 …………………… 078
고단백와플 ………………………… 206

곤약만두오트밀밥 ············ 038	버섯템페비건샌드위치 ············ 110	게맛살명란달걀탕 ············ 134
그릭게맛살샌드위치 ············ 104	불고기맛템페리소토 ············ 092	그릭샐러드김밥 ············ 180
그릭샐러드김밥 ············ 180	새우김치파인케일롤 ············ 200	다이어트닭갈비 ············ 164
깻잎김밥맛리소토 ············ 048	새우달걀토스트 ············ 102	다이어트두부강정 ············ 182
다이어트국물떡볶이 ············ 128	아보카도게맛살리소토 ············ 084	단호박김밥 ············ 202
다이어트김치전 ············ 172	양배추치킨수프 ············ 156	닭가슴살공심채볶음 ············ 184
다이어트닭갈비 ············ 164	양배추팔뚝김밥 ············ 162	닭가슴살치즈가스 ············ 176
다이어트떡국 ············ 140	에그샐러드샌드위치 ············ 124	닭근위된장웜샐러드 ············ 194
단짠대파원팬토스트 ············ 058	에그템페말이토르티야롤 ············ 118	당근라페이퍼김밥 ············ 186
단호박김밥 ············ 202	오트밀간장버터밥 ············ 052	동남아맛컵누들 ············ 042
닭가슴살감자수프 ············ 146	잡채맛버섯덮밥 ············ 074	두부마요샐러드밥 ············ 094
닭가슴살치즈가스 ············ 176	저탄수콘치즈빵 ············ 100	두부면김밥 ············ 190
당근라페이퍼김밥 ············ 186	제육볶음맛크림리소토 ············ 076	두부면스프링롤 ············ 166
돌나물비빔밥 ············ 088	진미채마늘볶음밥 ············ 064	두부와플플레이트 ············ 072
동남아맛쌀국수 ············ 138	진미채호두김밥 ············ 168	땅콩순두부탕 ············ 144
두부마요샐러드밥 ············ 094	참치양배추롤 ············ 188	라이스페이퍼볶음밥 ············ 080
두부면스프링롤 ············ 166	참치요거트김밥 ············ 174	라이스페이퍼오믈렛 ············ 086
두부와플플레이트 ············ 072	참치콘라페샌드위치 ············ 106	리코타연어샐러드 ············ 196
두부치즈체리샌드위치 ············ 120	채소게맛살언위치 ············ 116	만능채소스튜 ············ 136
디디미니분식세트 ············ 170	초코그릭크림토스트 ············ 220	병아리콩콜리플라워구이 ············ 060
떠먹는감태주먹밥 ············ 090	치킨갈릭컵빵 ············ 054	부추참치비빔면 ············ 132
로제참치컵밥 ············ 066	치킨카레주키니파스타 ············ 148	불고기맛템페리소토 ············ 092
마카다미아멸치김밥 ············ 178	코울슬로토르티야롤 ············ 108	새우김치파인케일롤 ············ 200
만능채소스튜 ············ 136	콘치즈맛리소토 ············ 040	샐러드비빔밥 ············ 082
말차그릭베이글 ············ 218	프로틴티라미수 ············ 208	샐러드콩국수 ············ 152
매운파볶음밥 ············ 070	허니갈릭그릭샌드위치 ············ 112	양배추치킨수프 ············ 156
머그컵프로틴케이크 ············ 210	훈제오리루콜라파스타 ············ 142	양배추팔뚝김밥 ············ 162
무말랭이참외김밥 ············ 192		여름맛비빔면 ············ 050
바나나아몬드베이크드오트밀 ············ 062	**저녁**	저탄수로제국물파스타 ············ 130
바나나요거트카레수프 ············ 158	가지두부볶음면 ············ 150	저탄수볶음우동 ············ 056

저탄수알리오올리오 ·············· 044
참치양배추롤 ················· 188
참치콘라페샌드위치 ············· 106
채소게맛살언위치 ··············· 116
채소크래믹스김밥 ··············· 198
청양바질국물파스타 ············· 046
초간단다이어트비빔면 ··········· 154
치킨카레주키니파스타 ··········· 148

스낵
그릭게맛살샌드위치 ············· 104
다이어트바나나푸딩 ············· 214
두부치즈체리샌드위치 ··········· 120
딸기프로틴퐁듀 ················· 228
머그컵프로틴케이크 ············· 210
버섯템페비건샌드위치 ··········· 110
새우김치파인케일롤 ············· 200
새우달걀토스트 ················· 102
석류콜라겐젤리 ················· 226
에그샐러드샌드위치 ············· 124
저탄수콘치즈빵 ················· 100
참치콘라페샌드위치 ············· 106
코울슬로토르티야롤 ············· 108
프로틴그래놀라 ················· 212
프로틴밀크푸딩 ················· 224
프로틴아이스크림 ··············· 222
프로틴티라미수 ················· 208
허니갈릭그릭샌드위치 ··········· 112
허니버터두부칩 ················· 216

밀프렙
다이어트떡국 ··················· 140
닭가슴살감자수프 ··············· 146
닭가슴살공심채볶음 ············· 184
땅콩순두부탕 ··················· 144
라이스페이퍼볶음밥 ············· 080
로제참치컵밥 ··················· 066
만능채소스튜 ··················· 136
매운파볶음밥 ··················· 070
바나나아몬드베이크드오트밀 ····· 062
아보카도게맛살리소토 ··········· 084
양배추치킨수프 ················· 156
여름맛비빔면 ··················· 050
잡채맛버섯덮밥 ················· 074
저탄수콘치즈빵 ················· 100
제육볶음맛크림리소토 ··········· 076
진미채마늘볶음밥 ··············· 064
치킨갈릭컵빵 ··················· 054
치킨카레주키니파스타 ··········· 148

사이드 디시
다이어트누텔라 ················· 234
다이어트피클 ··················· 240
당근라페 ······················· 246
두부마요네즈 ··················· 238
두부치즈 ······················· 236
리코타치즈 ····················· 232
바나나요거트카레수프 ··········· 158
수제그릭요거트 ················· 230
오이초무침 ····················· 244

요거트코울슬로 ················· 242
콜라비쏨땀 ····················· 248

index

재료별

닭고기(닭가슴살/닭근위)

- 깻잎김밥맛리소토 ········· 048
- 다이어트닭갈비 ············ 164
- 다이어트떡국 ·············· 140
- 닭가슴살감자수프 ········· 146
- 닭가슴살공심채볶음 ······· 184
- 닭가슴살치즈가스 ········· 176
- 닭근위된장웜샐러드 ······· 194
- 두부마요샐러드밥 ········· 094
- 양배추치킨수프 ············ 156
- 양배추팔뚝김밥 ············ 162
- 여름맛비빔면 ·············· 050
- 채소게맛살언위치 ········· 116
- 치킨갈릭컵빵 ·············· 054
- 치킨카레주키니파스타 ····· 148
- 허니갈릭그릭샌드위치 ····· 112

참치

- 동남아맛컵누들 ············ 042
- 떠먹는감태주먹밥 ········· 090
- 로제참치컵밥 ·············· 066
- 무말랭이참외김밥 ········· 192
- 부추참치비빔면 ············ 132
- 참치양배추롤 ·············· 188
- 참치요거트김밥 ············ 174
- 참치콘라페샌드위치 ······· 106

달걀

- 게맛살명란달걀탕 ········· 134
- 곤약만두오트밀밥 ········· 038
- 고단백와플 ················· 206
- 그릭게맛살샌드위치 ······· 104
- 그릭샐러드김밥 ············ 180
- 낫토사과오픈토스트 ······· 122
- 다이어트국물떡볶이 ······· 128
- 다이어트김치전 ············ 172
- 다이어트떡국 ·············· 140
- 단짠대파원팬토스트 ······· 058
- 당근라페이퍼김밥 ········· 186
- 대구알아보카도오픈토스트 ···· 114
- 돌나물비빔밥 ·············· 088
- 동남아맛컵누들 ············ 042
- 두부와플플레이트 ········· 072
- 디디미니분식세트 ········· 170
- 라이스페이퍼오믈렛 ······· 086
- 로제참치컵밥 ·············· 066
- 마카다미아멸치김밥 ······· 178
- 머그컵프로틴케이크 ······· 210
- 바나나아몬드베이크드오트밀 ··· 062
- 부추참치비빔면 ············ 132
- 불고기맛템페리소토 ······· 092
- 새우김치파인케일롤 ······· 200
- 새우달걀토스트 ············ 102
- 샐러드비빔밥 ·············· 082
- 샐러드콩국수 ·············· 152
- 아보카도게맛살리소토 ····· 084
- 애플브리오픈샌드위치 ····· 098
- 에그샐러드샌드위치 ······· 124
- 에그템페마이토르티야롤 ··· 118
- 오트밀간장버터밥 ········· 052

밥

- 잡채맛버섯덮밥 ············ 074
- 저탄수볶음우동 ············ 056
- 저탄수콘치즈빵 ············ 100
- 진미채마늘볶음밥 ········· 064
- 진미채호두김밥 ············ 168
- 채소크래믹스김밥 ········· 198
- 치킨갈릭컵빵 ·············· 054
- 코울슬로토르티야롤 ······· 108
- 콘치즈맛리소토 ············ 040

- 게맛살낫토포케 ············ 078
- 돌나물비빔밥 ·············· 088
- 두부마요샐러드밥 ········· 094
- 두부와플플레이트 ········· 072
- 떠먹는감태주먹밥 ········· 090
- 로제참치컵밥 ·············· 066
- 마카다미아멸치김밥 ······· 178
- 매운파볶음밥 ·············· 070
- 무말랭이참외김밥 ········· 192
- 새우김치파인케일롤 ······· 200
- 샐러드비빔밥 ·············· 082
- 아보카도게맛살리소토 ····· 084
- 양배추팔뚝김밥 ············ 162
- 잡채맛버섯덮밥 ············ 074
- 진미채마늘볶음밥 ········· 064
- 진미채호두김밥 ············ 168
- 참치양배추롤 ·············· 188
- 참치요거트김밥 ············ 174

오트밀 & 뮤즐리
고단백와플 · 206
곤약만두오트밀밥 · 038
깻잎김밥맛리소토 · 048
땅콩순두부탕 · 144
머그컵프로틴케이크 · 210
바나나아몬드베이크드오트밀 · 062
불고기맛템페리소토 · 092
양배추치킨수프 · 156
오트밀간장버터밥 · 052
제육볶음맛크림리소토 · 076
치킨갈릭컵빵 · 054
콘치즈맛리소토 · 040
프로틴그래놀라 · 212

오리고기
초간단다이어트비빔면 · 154
훈제오리루콜라파스타 · 142

돼지고기
잡채맛버섯덮밥 · 074
제육볶음맛크림리소토 · 076

샌드위치햄
단짠대파원팬토스트 · 058
애플브리오픈샌드위치 · 098
코울슬로토르티야롤 · 108

면
(두부면/곤약면/라이트누들/미역면/파스타)
가지두부볶음면 · 150
동남아맛쌀국수 · 138
동남아맛컵누들 · 042
두부면김밥 · 190
두부면스프링롤 · 166
두부와플플레이트 · 072
디디미니분식세트 · 170
부추참치비빔면 · 132
샐러드콩국수 · 152
여름맛비빔면 · 050
저탄수로제국물파스타 · 130
저탄수볶음우동 · 056
저탄수알리오올리오 · 044
청양바질국물파스타 · 046
초간단다이어트비빔면 · 154
훈제오리루콜라파스타 · 142

두부(모두부/순두부/포두부/쌈두부)
다이어트두부강정 · 182
두부마요네즈 · 238
두부치즈 · 236
땅콩순두부탕 · 144
바나나요거트카레수프 · 158
샐러드비빔밥 · 082
채소게맛살언위치 · 116
허니버터두부칩 · 216

양배추
다이어트김치전 · 172
다이어트닭갈비 · 164
라이스페이퍼볶음밥 · 080
양배추치킨수프 · 156
양배추팔뚝김밥 · 162
에그템페말이토르티야롤 · 118
오트밀간장버터밥 · 052
요거트코울슬로 · 242
저탄수볶음우동 · 056
참치양배추롤 · 188

콩
닭가슴살공심채볶음 · 184
병아리콩콜리플라워구이 · 060
샐러드콩국수 · 152

낫토
게맛살낫토포케 · 078
낫토사과오픈토스트 · 122
돌나물비빔밥 · 088
샐러드비빔밥 · 082

게맛살
게맛살낫토포케 · 078
게맛살명란달걀탕 · 134
그릭게맛살샌드위치 · 104
그릭샐러드김밥 · 180
두부면김밥 · 190
두부면스프링롤 · 166

아보카도게맛살리소토············084
채소게맛살언위치············116
채소크래믹스김밥············198

현미라이스페이퍼
다이어트국물떡볶이············128
다이어트떡국············140
닭가슴살치즈가스············176
당근라페이퍼김밥············186
두부면스프링롤············166
디디미니분식세트············170
라이스페이퍼볶음밥············080
라이스페이퍼오믈렛············086

토르티야
에그템페말이토르티야롤············118
코올슬로토르티야롤············108

통밀식빵 & 베이글
그릭게맛살샌드위치············104
낫토사과오픈토스트············122
단짠대파원팬토스트············058
대구알아보카도오픈토스트············114
두부치즈체리샌드위치············120
말차그릭베이글············218
버섯템페비건샌드위치············110
새우달걀토스트············102
애플브리오픈샌드위치············098
에그샐러드샌드위치············124
참치콘라페샌드위치············106

채소게맛살언위치············116
초코그릭크림토스트············220
허니갈릭그릭샌드위치············112

우유 & 두유 & 귀리우유
다이어트누텔라············234
다이어트바나나푸딩············214
단짠대파원팬토스트············058
닭가슴살감자수프············146
딸기프로틴퐁듀············228
로제참치컵밥············066
리코타치즈············232
머그컵프로틴케이크············210
바나나아몬드베이크드오트밀············062
샐러드콩국수············152
수제그릭요거트············230
아보카도게맛살리소토············084
저탄수로제국물파스타············130
제육볶음맛크림리소토············076
청양바질국물파스타············046
초코그릭크림토스트············220
치킨갈릭컵빵············054
치킨카레주키니파스타············148
콘치즈맛리소토············040
프로틴밀크푸딩············224

요거트(무가당/그릭요거트)
고단백와플············206
그릭게맛살샌드위치············104
그릭샐러드김밥············180

다이어트바나나푸딩············214
대구알아보카도오픈토스트············114
말차그릭베이글············218
머그컵프로틴케이크············210
바나나요거트카레수프············158
요거트코울슬로············242
참치요거트김밥············174
초코그릭크림토스트············220
프로틴아이스크림············222
프로틴티라미수············208
허니갈릭그릭샌드위치············112

치즈
(그라노파다노/파르메산/
슬라이스/리코타/두부치즈)
곤약만두오트밀밥············038
낫토사과오픈토스트············122
단호박김밥············202
닭가슴살치즈가스············176
두부면김밥············190
두부치즈체리샌드위치············120
라이스페이퍼오믈렛············086
로제참치컵밥············066
리코타연어샐러드············196
마카다미아멸치김밥············178
매운파볶음밥············070
무말랭이참외김밥············192
병아리콩콜리플라워구이············060
새우달걀토스트············102
아보카도게맛살리소토············084

애플브리오픈샌드위치 ·············· 098	다이어트국물떡볶이 ·············· 128	라이스페이퍼오믈렛 ·············· 086
양배추치킨수프 ·············· 156	떠먹는감태주먹밥 ·············· 090	리코타연어샐러드 ·············· 196
양배추팔뚝김밥 ·············· 162	리코타연어샐러드 ·············· 196	샐러드비빔밥 ·············· 082
에그샐러드샌드위치 ·············· 124	마카다미아멸치김밥 ·············· 178	채소게맛살언위치 ·············· 116
에그템페마이토르티야롤 ·············· 118	매운파볶음밥 ·············· 070	채소크래믹스김밥 ·············· 198
저탄수로제국물파스타 ·············· 130	제육볶음맛크림리소토 ·············· 076	
저탄수알리오올리오 ·············· 044	진미채마늘볶음밥 ·············· 064	**바나나**
저탄수콘치즈빵 ·············· 100	진미채호두김밥 ·············· 168	다이어트바나나푸딩 ·············· 214
제육볶음맛크림리소토 ·············· 076		바나나아몬드베이크드오트밀 ······ 062
진미채호두김밥 ·············· 168	**김**	바나나요거트카레수프 ·············· 158
참치콘라페샌드위치 ·············· 106	그릭샐러드김밥 ·············· 180	초코그릭크림토스트 ·············· 220
채소게맛살언위치 ·············· 116	깻잎김밥맛리소토 ·············· 048	프로틴아이스크림 ·············· 222
채소크래믹스김밥 ·············· 198	다이어트떡국 ·············· 140	
청양바질국물파스타 ·············· 046	단호박김밥 ·············· 202	**그 외 과일**
치킨갈릭컵빵 ·············· 054	당근라페이퍼김밥 ·············· 186	**(사과/청포도/체리/블루베리/딸기)**
코울슬로토르티야롤 ·············· 108	두부마요샐러드밥 ·············· 094	고단백와플 ·············· 206
콘치즈맛리소토 ·············· 040	두부면김밥 ·············· 190	낫토사과오픈토스트 ·············· 122
	디디미니분식세트 ·············· 170	두부치즈체리샌드위치 ·············· 120
새우	떠먹는감태주먹밥 ·············· 090	딸기프로틴퐁듀 ·············· 228
동남아맛쌀국수 ·············· 138	마카다미아멸치김밥 ·············· 178	리코타연어샐러드 ·············· 196
새우김치파인케일롤 ·············· 200	무말랭이참외김밥 ·············· 192	머그컵프로틴케이크 ·············· 210
새우달걀토스트 ·············· 102	양배추팔뚝김밥 ·············· 162	애플브리오픈샌드위치 ·············· 098
저탄수볶음우동 ·············· 056	진미채호두김밥 ·············· 168	채소게맛살언위치 ·············· 116
저탄수알리오올리오 ·············· 044	참치양배추롤 ·············· 188	코울슬로토르티야롤 ·············· 108
	참치요거트김밥 ·············· 174	프로틴티라미수 ·············· 208
해산물 & 해조류	채소크래믹스김밥 ·············· 198	
(어묵/진미채/미역줄기/		**토마토**
날치알/감태/명란젓/멸치/훈제연어)	**채소믹스(냉장)**	닭가슴살치즈가스 ·············· 176
게맛살명란달걀탕 ·············· 134	닭가슴살치즈가스 ·············· 176	동남아맛쌀국수 ·············· 138
	두부마요샐러드밥 ·············· 094	

로제참치컵밥 ·················· 066
콜라비쏨땀················ 248
허니갈릭그릭샌드위치················ 112

오이
그릭게맛살샌드위치 ··············· 104
다이어트피클····················· 240
두부와플플레이트 ·············· 072
리코타연어샐러드 ·············· 196
샐러드콩국수··················· 152
에그샐러드샌드위치 ·············· 124
여름맛비빔면················· 050
오이초무침···················· 244

콩고기(식물성대체육)
단호박김밥·················· 202
라이스페이퍼볶음밥 ············· 080

아보카도
당근라페이퍼김밥 ············· 186
대구알아보카도오픈토스트 ········· 114
새우김치파인케일롤 ············ 200
아보카도게맛살리소토············084
에그샐러드샌드위치 ·············124
참치요거트김밥 ················ 174
채소크래믹스김밥 ··········· 198

대구알스프레드
대구알아보카도오픈토스트 ········· 114
떠먹는감태주먹밥 ············ 090

100% 무가당땅콩버터 & 땅콩
동남아맛쌀국수 ················ 138
동남아맛컵누들 ················ 042
두부면스프링롤 ··············· 166
땅콩순두부탕 ················ 144
만능채소스튜 ················ 136
저탄수로제국물파스타 ·············· 130
콜라비쏨땀················ 248

프로틴가루
고단백와플·················· 206
다이어트누텔라 ················ 234
다이어트바나나푸딩 ·············· 214
딸기프로틴퐁듀 ··············· 228
머그컵프로틴케이크 ············· 210
초코그릭크림토스트 ·············· 220
프로틴그래놀라 ················ 212
프로틴밀크푸딩 ················ 224
프로틴아이스크림 ·············· 222
프로틴티라미수 ··············· 208

통밀과자
닭가슴살치즈가스 ··············176
프로틴티라미수 ··············· 208
다이어트바나나푸딩 ·············· 214

초간단 인생맛 5분 완성 7일 식단표

초간단 레시피지만 인생맛을 보장하는 요리를 모아 7일 식단표를 구성했어요. 요리똥손도, 귀차니스트도 손쉽게 다이어트식을 만들어 먹으려 감량도 하고 요리에 재미를 붙일 수 있도록 디디미니가 도와드려요!

	🟠 Morning	🟢 Lunch	🔵 Dinner
1 Day	오트밀간장버터밥 052쪽	깻잎김밥맛리소토 048쪽	땅콩순두부탕 144쪽
2 Day	치킨갈릭컵빵 054쪽	곤약만두오트밀밥 038쪽	초간단다이어트비빔면 154쪽
3 Day	저탄수콘치즈빵 100쪽	콘치즈맛리소토 040쪽	샐러드비빔밥 082쪽
4 Day	동남아맛컵누들 042쪽	제육볶음맛크림리소토 076쪽	청양바질국물파스타 046쪽
5 Day	단짠대파원팬토스트 058쪽	다이어트떡국 140쪽	저탄수알리오올리오 044쪽
6 Day	떠먹는감태주먹밥 090쪽	자유식	여름맛비빔면 050쪽
7 Day	애플브리오픈샌드위치 098쪽	매운파볶음밥 070쪽	샐러드비빔밥 082쪽

변비 타파 영양 가득 7일 식단표

다이어트하다 보면 모두가 한 번씩 겪는 변비도 식단으로 해결할 수 있어요. 이제 식이섬유 가득한 디디미표 식단으로 포만감도 채우고 변비도 싹 물러나게 완벽 해소해요!

	● Morning	● Lunch	● Dinner
1 Day	샐러드비빔밥 082쪽	양배추팔뚝김밥 162쪽	저탄수볶음우동 056쪽
2 Day	낫토사과오픈토스트 122쪽	참치양배추롤 188쪽	닭가슴살공심채볶음 184쪽
3 Day	바나나아몬드베이크드오트밀 062쪽	그릭샐러드김밥 180쪽	두부와플플레이트 072쪽
4 Day	그릭게맛살샌드위치 1/2개 104쪽	그릭게맛살샌드위치 1/2개 104쪽	부추참치비빔면 132쪽
5 Day	초코그릭크림토스트 220쪽	불고기맛템페리소토 092쪽	리코타연어샐러드 196쪽
6 Day	양배추치킨수프 156쪽	자유식	병아리콩콜리플라워구이 060쪽
7 Day	치킨카레주키니파스타 148쪽	게맛살낫토포케 078쪽	채소크래믹스김밥 198쪽

여러분이 직접 만드는 셀프 식단표

	🟠 Morning	🟢 Lunch	🔵 Dinner	🔷 Water
1 Day				
2 Day				
3 Day				
4 Day				
5 Day				
6 Day				
7 Day				

	🟠 Morning	🟢 Lunch	🔵 Dinner	🔷 Water
1 Day				
2 Day				
3 Day				
4 Day				
5 Day				
6 Day				
7 Day				

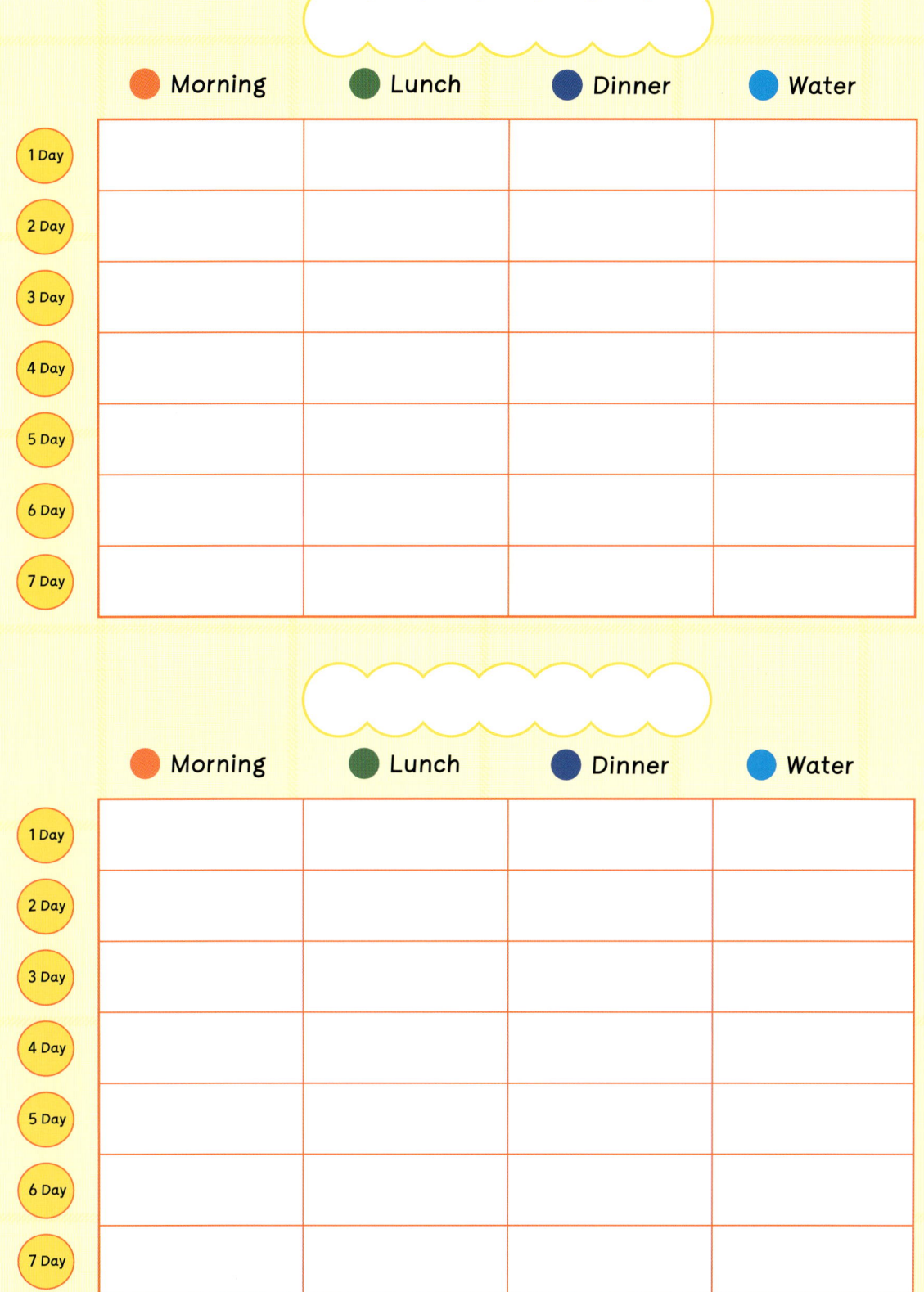

**디디미니의 초간단 인생맛
고단백 저탄수화물
다이어트 레시피**

초판 1쇄 발행 2021년 6월 7일
초판 24쇄 발행 2024년 5월 7일

지은이 미니 박지우
펴낸이 이경희

펴낸곳 빅피시
출판등록 2021년 4월 6일 제2021-000115호
주소 서울시 마포구 월드컵북로 402, KGIT 19층 1906호

ⓒ 미니 박지우, 2021
ISBN 979-11-974387-0-7 13590

- 인쇄·제작 및 유통상의 파본 도서는 구입하신 서점에서 바꿔드립니다.
- 이 책의 전부 또는 일부 내용을 재사용하려면 반드시 사전에 저작권자와 빅피시의 서면 동의를 받아야 합니다.
- 빅피시는 여러분의 소중한 원고를 기다립니다. bigfish@thebigfish.kr